Total des vacations

Première vacation - - - - - - - - - 2598#.... 0.s
Seconde - - - - - - - - - - - - - - 4556 .... 3 ..
Troisième - - - - - - - - - - - - 6021 0
quatrième - - - - - - - - - 6199 10
cinquième - - - - - - - - - 5190 15
sixième - - - - - - - - - 9215 .... 1 ..
____
35780#.... 9.s

Relevé de ce que j'ai acheté

Première variation 956ᵗᵗ 7ˢ
Seconde . . . . 505 . 18 .
Troisième . . . . 1155 . . 1 .
Quatrième . . . . 1690 . . . 8 .
Cinquième . . . . 969 . . . 16 .
Sixième . . . . 624 . . . 11 .
Total . . . . 5902ᵗᵗ . . 1ˢ
ouidieſ variatum . . . . 42 . . 19

5945ᵗᵗ . . . 0ˢ

CATALOGUE

DES LIVRES

PRÉCIEUX

DU CITOYEN *** *La Borde*

*Dont la Vente se fera le Mardi 25 Juin 1793,
& jours suivans, à quatre heures de relevée,
en l'une des Salles de la Maison de Bullion,
rue J. J. Rousseau.*

A PARIS,

Se distribue chez les Citoyens

BIZET, Huissier-Priseur, rue S. Honoré, près le ci-devant
hôtel de Noailles.

Et GUILLAUME DE BURE l'aîné, Libraire, rue Serpente,
N°. 6.

————

1793.

*Les Livres seront exposés dans l'ordre
qui suit :*

MARDI 25 Juin.

Théologie, &c. depuis le n°. 3 jusqu'au n°. 60.
Supplément, depuis le n°. 1 jusqu'au n°. . . .20.
Théologie, les nᵒˢ 1, 2, 102, 103, 104
   & 105 du Catalogue.   . . . . .   —   2598ᵗ

MERCREDI 26.

Sciences & Arts, depuis le n°. 61 jusq. n°. 101.
Supplément, depuis le n°. 21 jusqu'au n°. . . .40.
Belles-Lettres, depuis le n°. 120, jusq. n°. 132.
Histoire, depuis le n°. 297 jusqu'au n°. . . . . .309.
Les numéros 79 & 80 seront vendus à la fin de
   la vacation.   . . . . . .   —   4556 .. 3

JEUDI 27.

Belles-Lettres, depuis le n°. 137 jusqu'au n°. 159.
Supplément, depuis le n°. 41 jusqu'au n°. . . .60.
Histoire, depuis le n°. 220 jusqu'au n°. . . . . .259.
Belles-Lettres, les numéros 133, 134, 135
   & 136.   . . . . .   —   6021....

VENDREDI 28.

Supplément, depuis le n°. 61 jusqu'au n°. . . . .80.
Histoire, depuis le n°. 260 jusqu'au n°. . . . .296.   6199 .. 10

19374ᵗ .. 13

Sciences & Arts, depuis le n°. 106 jusq. n°. 119.

Belles-Lettres, depuis le n°. 160 jusq. n°...172.

Histoire, les numéros 272, 382 & 383.

L U N D I *premier Juillet.*

Histoire, depuis le n°. 310 jusqu'au n°....346.

Supplément, depuis le n°. 81 jusqu'au n°..100.

Belles-Lettres, depuis le n°. 173, jusq. n°. 189.

Histoire, depuis le n°. 207 jusqu'au n°.....219.

Histoire, les numéros 92 & 391.

M E R C R E D I 3.

Belles-Lettres, depuis le n°. 190 jusq. n°..206.

Supplément, depuis le n°. 101 jusqu'au n°...120.

Histoire, depuis le n°. 347 jusqu'au n°....402.

Le n°. 380 sera vendu à la fin de la vacation.

No 7. M. Várncffar

CATALOGUE
DES LIVRES
DU CITOYEN ***.

THÉOLOGIE.

1 Discours hiſtoriques, critiques, théolo-
giques & moraux ſur les événemens les plus
mémorables du Vieux & du Nouveau Teſ-
tament, par Saurin. *Amſterd. de Hondt*, 1720,
6 vol. *in-fol. v. m. fil. Pap. Super-royal, fig.*
de B. Picart. 460 9

2 Phyſique ſacrée, *ou* Hiſtoire naturelle de la
Bible, trad. du latin de J. J. Scheuchzer, enrichie de fig. gravées par Jean André Pfeffel.
Amſterd. P. Schenk, 1732, 8 vol. *in-fol.*
m. bl. d. ſ. tr. fig. . . . . 341 . . 10

3 Paſtorale Pariſienſe, Ant. Eleon. Leonis le
Clerc de Juigné auctoritate editum. *Pariſiis,*
Simon, 1786, 3 vol. *in-4. v. m.* 10

4 Les Provinciales, *ou* Lettres écrites par Louis
de Montalte (Bl. Paſcal), à un provincial
de ſes amis, avec les notes de G. Wendrock,
(Nicole). *Amſt. Compagnie*, 1734, 3 vol.
in-12. v. ſ. 5

A

JURISPRUDENCE.

5 Principes sur l'Administration temporelle des Paroisses, par Boyer. *Paris, Leboucher,* 1786, 2 vol. *in*-12. *v. éc. fil.*

6 Droit public d'Allemagne, contenant la forme de son gouvernement, ses Loix, &c. par Jacquet. *Strasbourg, Kurssner,* 1782, 6 vol. *in*-12. *v. éc. fil.*

7 De la réforme des Loix Civiles, par d'Olivier. *Paris, Mérigot,* 1786, 2 vol. *in*-8. *v. porph. filets.*

8 Ordonnances des Rois de France de la troisième race, recueillies par MM. Euf. de Laurière, Secousse & Villevault. *Paris, de l'Imprimerie Royale,* 1723, 12 vol. *in*-fol. *v. m. fil.*

9 Ordonnance de la Marine du 25 mars 1765. *Paris, de l'Imprim. royale,* 1765, *in*-4. *v. m.*

10 Ordonnances & Réglemens concernant la Marine. *Paris, de l'Imprimerie royale,* 1786, *in*-4. *v. m. fil.*

11 Traité de la Police, par Delamarre. *Paris, Mich. Brunet,* 1722, 4 vol. *in*-fol. *v. m.*

12 Mémorial alphabétique des Tailles. *Paris, Saugrain,* 1742, *in*-4. *v. b.*

13 Traité de l'Administration de la Justice Civile, par Jousse. *Paris, Debure,* 1771, 2 vol. *in*-4. *v. j. fil.*

14 Traité de la Justice criminelle de France, par Jousse. *Paris, Debure,* 1771, 4 vol. *in*-4. *v. j. fil.*

210 h. ch. Caillovd.

21 - Mlle de Rochegude, 6tt a 7tt.

15 Théorie des Matières féodales & censuelles, par Hervé. *Paris, Knapen, 1785, 8 volumes in-12. baf.* — — — — — — — — — 6 — 1

16 Causes célebres & intéressantes, avec les jugemens qui les ont décidées. *Paris, Legras, 1739, 22 vol. in-12. mar. verd d. f. tr.* — — 65 —

17 Les Œuvres de M. Fouquet, Miniftre d'Etat, contenant fon accufation, fon procès & fes défenfes contre Louis XIV, Roi de France. *Paris, (Hollande,) 1696, 16 vol. in-12. veau mar.* — — — — — — — — — 5 —

18 Recueil général des Pièces touchant l'affaire des Princes légitimes & légitimés. *Roterdam, 1717, 4 vol. in-12. v. b.* — — — — 1 — 11

19 Mémoire pour le Comte de Lally. *Paris, Guill. Defprez, 1766, in-4. v. m.* — — — 3 —

20 Collection de tous les Mémoires qui ont paru dans l'affaire du Cardinal de Rohan, avec les portraits. 2 vol. *in-4. rel. en carton, fig.* — — 12 —

21 Code des Loix des Gentoux, *ou Reglemens des Brames, trad. de l'Anglois. Paris, Stoupe, 1778, in-4. br.* — — — — — — — — 18 —

SCIENCES ET ARTS.

22 JAC. Bruckeri Hiftoria critica philofophiæ. *Lipfiæ, Weidemannus, 1767, 6 vol. in-4. v. f. fil.* — — — — — — — — 126 —

23 Hiftoire critique de la Philofophie, où l'on traite de fon origine, de fes progrès, &c. par Deflandes. *Amflerd. Changuion, 1756, 4 vol. in-12. v. m.* — — — — — — — — 13 —

24 Platonis opera quæ extant omnia, Græce, ex nova Joan. Serrani interpretatione, perpetuis ejufdem notis illuftrata; ex recenfione & cum annotationibus Henr. Stephani. *Excudebat H. Stephanus*, 1578, 3 vol. *in fol. m. r.*

25 Analyfe de la Philofophie du Chancellier Bacon, & fa vie. *Amfter.*, *Arkftée*, 1755, 3 vol. *in-*12 *v. m.*

26 De la Philofophie de la Nature, *ou* Traité de Morale pour l'efpèce humaine, (par M. Delille de Salles.) *Londres*, 1777, 6 vol. *in-8. v. éc. fil. fig.*

27 Les Caractères de Théophrafte & de la Bruyère. (*Khell*,) *de l'imprimerie de la Société Littéraire Typographique*, 1783, *in-8. v. f.*

28 Traité hiftorique & critique de l'Opinion, par Legendre. *Paris, Briaffon*, 1758, 2 vol. *in-*12. *v. éc. fil.*

29 Inftituts politiques & militaires de Tamerlan, proprement appelé Timour, écrits par lui en Mogol & traduits par L. Langlès. *Paris, Née de la Rochelle*, 1787, *in-8. v. m. fil.*

30 Notions claires fur les Gouvernemens. *Amft.* 1787, 2 vol. *in-*12. *v. éc. fil.*

31 L'ami des Hommes, *ou* Traité de la Population, par Mirabeau. 1759, 8 vol. *in-*12. *v. éc. fil.*

32 Théorie de l'Impôt. 1760, *in-4. m. r. d. f. t.*

33 Inftitution d'un Prince, par Duguet. *Londres, Nourfe*, 1750, 4 vol. *in-*12. *v. éc. fil.*

34 Traité politique que tuer un tyran, titulo *vel* exercicio, n'eft pas un meurtre, par William Allen. *Lyon*, 1658, *in-*18. *v. b.* le frontifpice eft manufcrit.

25. mr audry

27 mr audry

N° 29 M. Caillard.

N° 34. Weber.

35 mr andry.

35 Élémens du Commerce. *Paris, Briasson,* 1754, 2 vol. *in*-12. *v. m.* ⸺ 2 ⸺ 2 *d*

36 Essai politique sur le Commerce. 1761, *in*-12. *m. cit. d. s. tr.* ⸺ 3 ⸺ 19

37 Théorie & Pratique du Commerce & de la Marine, trad. de l'Espagnol, de Don Geronymo de Uslariz. *Paris, veuve Etienne,* 1753, *in*-4. *m. r. d. s. tr.* ⸺ 6 ⸺ 19

38 Les progrès du Commerce. *Paris, Lottin,* 1760, *in*-12. *m. cit. d. s. tr.* ⸺ 3 ⸺ 19

39 Dictionnaire du Citoyen, *ou* Abrégé historique, théorique & pratique du Commerce. *Paris, Grangé,* 1761, 2 vol. *in*-8. *v. m. fil. d. s. t.* ⸺ 4 ⸺ 19

40 Réflexions sur différens objets de Commerce, & en particulier sur la libre circulation des Toiles peintes. *Genève,* 1759, *in*-12. *m. cit. doré sur tranche.* ⸺ 2 ⸺ 15

41 Les Intérêts des Nations de l'Europe, développés relativement au Commerce. *Paris, Dessaint,* 1766, 2 vol. *in*-4. *v. m.* ⸺ 7 ⸺

42 Les intérêts de la France, mal entendus dans les branches de l'Agriculture, de la population, &c. *Amster. Jac. Cœur,* 1756, 3 vol. *in*-12. *m. cit. d. s. tr.* ⸺ 9 ⸺ 19

43 Essais sur les causes du déclin du Commerce étranger de l'Angleterre. 1757, 2 vol. *in*-12. veau mar. ⸻⎱ 3 ⸺

44 Dialogue sur le Commerce des Bleds. *Londres,* 1770, *in*-8. *v. m.* ⎰

45 Mémoires sur la Mouture des Grains, & sur divers objets relatifs, par Jean le Muret. *Berne,* 1776, *in*-8. *br.* ⸺⎱ 4 ⸺ 12

46 Traité sur le Commerce de la Mer Noire, par Peyssonel. *Paris,* 1787, 2 vol. *in*-8. *br.* ⎰

47 Rétablissement des Manufactures & du Commerce d'Espagne, par Ulloa. *Paris, 1753 in-12. m. cit.*

48 Lex Mercatoria rediviva: or, the Merchant's Directory, being a complete guide to all men in businefs, by Wyndham Beawes. *London, J. Rivington, 1771, in-fol. v. m.*

49 Réflexions politiques fur les Finances & le Commerce, par Dutot. *La Haye, Vaillant, 1754, 2 vol. in-12. m. cit. d. f. tr.*

50 Examen du Livre intitulé Réflexions politiques fur les Finances & le Commerce. *La Haye, Vaillant, 1740, 2 vol. in-12. m. cit. d. f. t.*

51 Le Financier Citoyen. *1757, 2 vol. in-12 m. cit. d. f. t.*

52 Traité de la Circulation & du Crédit. *Amft. Rey, 1771, in-8. v. m.*

53 Traité des Richeffes. *Lauf., Graffet, 1781, 2 vol. in-8. v. porph. fil.*

54 Effai fur la Richeffe & fur l'Impôt. *Londres, 1767, in-8. v. éc.*

55 Mémoires concernant les Impofitions & Droits en Europe, par M. Moreau de Beaumont, nouvelle Edition avec des fupplemens, par M. Poullin de Vieville. *Paris, J. Ch. Defaint, 1787, 5 vol. in-4. br.*

56 Recherches & Confidérations fur les Finances de France, par Forbonnais. *Bafle, Cramer, 1758, 2 vol. in-4. v. f. fil.*

57 De l'Adminift. des Finances de la France, par Necker. *1784, 3 vol. in-8. v. j. fil.*

58 Hiftoire du Tarif de 1664, avec l'hiftoire de la Compagnie des Indes, par Dufrefne de Francheville. *Par. Debure, 1746, 3 v. in-4. v. j. fil.*

N° 61. B.

N° 63 Bon.

N° 64 M. Caillard

N° 65. Bon.

59 Mémoires pour servir à l'histoire du Droit public de la France, en matière d'impôt, *ou* Recueil de ce qui s'est passé de plus intéressant à la Cour des Aides, depuis 1756, jusqu'en 1775. *Bruxelles*, 1779, *in-4. v. m. fil.* 2 12

60 Considérations sur les Finances d'Espagne. *Par Estienne*, 1755, *in-12. m. cit. d. ʃ. t.* .... 3 ..

61 The History of the public revenue of the British Empire, by John Sinclair. *London, Strahan*, 1785, *in-4. br.* 14 12

62 Combinaison générale des Changes des principales places de l'Europe, par rapport à la France, par Darius. *Paris, Coignard*, 1728, 3 vol. *in-4. v. m.* 19 19

63 Traité sur le Commerce & sur les avantages qui résultent de la réduction de l'intérêt de l'argent, trad. de l'anglois de Josias Child. *Amst. Neaulme*, 1754. *in-12. m. cit. d. ʃ. t.* 8 19

64 Essai sur les Monnoies, *ou* Réflexions sur le rapport entre l'argent & les denrées, par Dupré de Saint-Maur. *Par. J. B. Coignard*, 1746, *in-4. m. r.* .... 18 .... 1.

65 Traité des Monnoies, par Boizard. *Paris*, 1711, 2 vol. *in-12. fig. v. f.* 8 19

66 De l'Esprit humain, substance différente du corps, active, libre, immortelle ; vérités que la raison démontre, & que la révélation met au-dessus de tout doute. *Bâle, Jean-Christ*, 1741, *in-4. v. éc. fil.* 6 19

67 Supplément au Dictionnaire Economique, contenant divers moyens d'augmenter son bien, & de conserver sa santé, par Chomel. *Paris, Ganeau*, 1743, 2 vol. *in-fol. v. m.* 12 1

68 Caroli a Linné systema vegetabilium, curante .... 9 ....

Jo. And. Murray. *Gottingæ*, 1784, *in*-8. *b*.

69 Traité théorique & pratique de la végéta-
tion, contenant plusieurs expériences nouvelles
sur la culture des arbres, &c. par Muſtel.
Rouen, *Leboucher*, 1781, 4 vol. *in*-8. *v. éc. fil.*

70 Notions élémentaires de botanique. *Dijon*,
Frantin, 1781, *in* 8. *v. m. fil.*

71 Flora Pariſienſis, *ou* Deſcriptions & figures des
plantes qui croiſſent aux environs de Paris, avec
les différens noms, claſſes, ordres, &c. précédés
d'une introduction, par M. Bulliard. *Paris*,
Didot jeune, 1776, 5 vol. *in*-8. *v. éc. fil.*
figures coloriées.

72 Des Semis & des Plantations des arbres, &
de leur culture, *ou* Méthode pour multiplier
& élever les arbres, les planter en maſſif & en
avenues; former les Forêts & les Bois, les en-
tretenir, & rétablir ceux qui ſont dégradés, &c.
par Duhamel du Monceau. *Paris*, *H. L. Guerin*, 1760, *in*-4. *fig. v. m.*

73 Traité des Arbres & Arbuſtes qui ſe cultivent
en France en pleine terre, par Duhamel Dumonceau. *Paris*, *Guerin*, 1755, 2 vol. *in*-4.
fig. v. m.

74 La Phyſique des Arbres, où il eſt traité de l'a-
natomie des Plantes & de l'Economie végé-
tale, par Duhamel Dumonceau. *Paris*, *Guérin*,
1758, 2 vol. *in*-4. *v. m. fig.*

75 De l'Exploitation des Bois, *ou* Moyens de
tirer un parti avantageux des Taillis, demi-
Futaies, & d'en faire une juſte eſtimation, avec
la deſcription des Arts qui ſe pratiquent dans
les forêts, par Duhamel Dumonceau. *Paris*,
H. L. Guerin, 1764, 2 vol. *in*-4. *fig. v. m.*

n° 70. M. Caillard

n° 71. B.

n° 75. an.

Nº 76. an.

Nº 81 M. Caillard

76 Du transport, de la conservation & de la force des Bois, par Duhamel Dumonceau. *Paris, Delatour*, 1767, *in-4. fig. v. m.* - - - - - 23

77 Traité des Arbres fruitiers, contenant leur figure, leur description, leur culture, &c. par M. Duhamel Dumonceau. *Par. Saillant*, 1768, 2 vol. *in-4. v. m. fil. d. f. t. fig.* - - - - 140

78 Essai sur les Jardins, par Watelet. *Paris, Prault*, 1774, *in-8. v. m.* — Essai sur la Législation favorable à l'Agriculture, &c. *Paris*, 1766, *in-8. v. m.* - - - - - 3

79 Histoire naturelle d'Oiseaux peu communs, & d'autres animaux rares, & qui n'ont pas été décrits, représentés sur cent dix planches en taille-douce, avec une description en françois & en anglois, par George Edwards. *Londres, l'Auteur*, 1751, 4 vol. *in-4. m. r. d. f. t. fig. col.* — Glanures d'Histoire naturelle, consistant en fig. de Quadrupedes, d'Oiseaux, d'Insectes, de Plantes, &c. en cinquante planches dessinées, gravées & colorées d'après nature, avec la description en anglois & en françois, par George Edwards. *Londres, l'Auteur*, 1758, 3 vol. *in-4. m. r. d. f. t. figures coloriées.* - - - - 1115

80 Le Conchologiste universel, montrant la figure de chaque coquille aujourd'hui connue, soigneusement dessinée & peinte d'après nature; le tout arrangé selon le systême de l'Auteur Thomas Martyn. *Londres*, 1784, 2 vol. *in-fol. reliure anglaise*, superbe ouvrage. - - 560

81 Mémoires pour servir à l'Histoire des insectes, par Réaumur. *Paris, de l'Imprimerie royale*, 1734, 6 vol. *in-4. v. m. fil. fig.* - - - 160

82 Histoire des Maladies de S. Domingue, par - - 5

Poupée Defportes. *Paris, Lejay*, 1770, 3 vol.
in-12. *v. m.*

83 Hiftoire de la Philofophie hermétique, accom-
pagnée d'un Catalogue raifonné des Ecrivains
de cette fcience (par Lenglet du Frefnoy.)
Paris, Couftelier, 1742, 3 vol. *in*-12. *v. f.*

84 Effai fur les probabilités de la durée de la
vie humaine , par Deparcieux , avec l'addi-
tion. *Paris*, 1746, *in*-4. *v. m.*

85 Hiftoire de l'Aftronomie ancienne , depuis fon
origine jufqu'à l'établiffement de l'Ecole d'A-
lexandrie, par M. Bailly. *Paris, de Bure l'aîné,*
1781, *in*-4. *m. v. fig.*

86 Hiftoire de l'Aftronomie moderne, depuis la
fondation de l'Ecole d'Alexandrie jufqu'à l'épo-
que de 1782, par M. Bailly. *Paris, De Bure
l'aîné,* 1779 & 1782 , 3 vol. *in*-4. *m. v. fig.*

87 Hiftoire générale de la Marine, contenant fon
origine chez tous les Peuples du Monde, fes
progrès, fon état actuel, & les expéditions mari-
times anciennes & modernes. *Paris, P. Prault,*
1744 , 3 vol. *in*-4. *v. m.*

88 Le Manœuvrier, *ou* Effai fur la Théorie & la
Pratique des mouvemens du Navire & des évo-
lutions navales, par Bourdé de Villehuet. *Par.
Defaint*, 1769 , *in*-8. *v. m.*

89 Dictionnaire hiftorique, théorique & pratique de Marine, par Saverien. *Paris,* 1758, 2 v.
in-8. *v. m.*

90 Vocabulaire des termes de Marine anglois &
françois. *Paris, de l'Imprimerie royale*, 1777,
in-4. *v. m.*

91 Traité d'Optique, par M. Smith, trad. de
l'angl. *Par. Durand*, 1767, *in*-4. *fig. v. m.*

N° 83. Bon.

N° 57. M. d'Asoueffan.

N° 90. M. d'Asoueffan

No 95. an.

92 L'Encyclopédie par ordre de matières. 54 li-
vraisons, *in-*4. br. _ _ _ _ _ _ _ _ _

93 Notizie de professori del disegno da Cimabue,
in qua, per le quali si dimostra come, e per chi
le bell'arti di pittura, scultura, e architettura
lasciata la Rozzezza delle maniere greca, e got-
tica, si siano in questi secoli ridotte all' antica
loro perfezione, opera di Filippo Baldinucci.
In Firenze, S. Franchi, 1681, 5 vol. in 4. v. f. _

94 Opere di Antonio Raffaello Mengs, primo pit-
tore del re di Spagna, publicate da D. Giuseppe
Niccola d'Azara. *Parma, della stamperia reale,*
1780, *in*-4. *m. r.* _ _ _ _ _ _ _ _

95 Galerie peinte à Rome dans le Palais Farnèse,
par Annibal Carrache, & autres estampes gravées d'après Raphael, le Poussin, le Sueur,
&c. *in-fol. v. m.* _ _ _ _ _ _ _ _

96 Illustri fatti Farnesiani coloriti nel palazzo di
Caprarola da i fratelli Taddeo, Federico, e
Ottaviano Zuccari. *Roma, 1748, in-fol. fig.*
mout. maroq. _ _ _ _ _ _ _ _

97 La grande Galerie de Versailles, & les deux
Sallons qui l'accompagnent, peints par Charles
le Brun; dessinés par J. Bapt. Massé, & gravés
sous ses yeux par les meilleurs maîtres. *Paris,*
de l'Imprimerie royale, 1752, in-fol. max. v. éc.

98 La Galerie du Palais du Luxembourg, peinte
par Rubens, dessinée par les sieurs Nattier, &
gravée par les plus illustres Graveurs. *Paris,*
Duchange, 1710, in-fol. m. r. _ _ _ _ _
Anciennes & très-belles épreuves.

99 La Galerie électorale de Dusseldorff, gravée
par Chret. de Mechel. *Basle, C. de Mechel,*
1778, *in-fol. oblong. m. r.* _ _ _ _ _ _

100 Le grand Cabinet de tableaux de l'Archiduc Léopold - Guillaume, peints par des maîtres Italiens, & deſſinés par David Teniers & gravés ſous ſa direction. *Amſt. Arkſtée, 1755, in·fol. v. m. fig.*

101 Les plat-fonds, *ou* les tableaux des galeries de l'Egliſe des Jéſuites d'Anvers, peints par P. P. Rubens, deſſinés d'après les originaux par Jacques de Wit, & gravés par J. Punt. *Amſt. J. Punt, 1751, in - fol. oblong br, en cart.*

102 Recueil d'Eſtampes, d'après les plus beaux tableaux, & d'après les plus beaux deſſins qui ſont en France, &c. connu ſous le nom de Crozat. *Paris, de l'Imprimerie Royale, 1729, 2 vol. in-fol. v. éc.* anciennes épreuves.

103 Recueil d'Eſtampes gravées d'après les Tableaux du cabinet de M. de Choiſeuil, par Baſan. *Paris, Baſan, 1771, in-4. v, m. fil.*

104 Douze ſuites de douze Eſtampes, gravées ſous la direction du ſieur le Brun, d'après différens Tableaux capitaux des plus célébres Peintres des Ecoles Flamande & Hollandoiſe, &c. *Paris, Baſan, 1777, in-fol. br.*

105 La même ſuite avant la Lettre. *in-fol. br.*

106 Recueil d'environ 360 eſtampes, repréſentant différens ſujets, des bas reliefs antiques, &c., par l'abbé de Saint-Non. *in-folio broché en carton.*

107 Recueil de 80 Eſtampes contre les Jéſuites, des Portraits de M. Paris, ſes miracles, &c. *in·fol. br. en cart.*

108 Recueil de 107 Eſtampes angloiſes, gravées d'après Hogarth. *in-fol. forme d'Atlas, en cuir de Ruſſie.*

N° 100. au.

N° 101. au.

(N° 105. au. Caillas)

N° 107. au. d'assurance

No 109. de Stanislas

No 110 B.

Ce recueil d'Eſtampes eſt très-Rare.

109 Recueil de 105 Eſtampes angloiſes gravées d'après Bunbury, repréſentant differens ſujets, des charges, &c. *in-fol. forme d'Atlas, en cuir de Ruſſie.* — 432. D

110 Notices générales des Graveurs diviſés par Nations, & des Peintres rangés par Ecoles, précédées de l'hiſtoire de la gravure & de la peinture, par Hubert. *Dreſde, Breitkopf, 1787, 2 vol. in 8. v. porph. fil.* — 24. — 19 D

111 Cours d'Architecture qui comprend les ordres de Vignole avec des Commentaires, les Fig. & les Deſcriptions de ſes plus beaux bâtimens, & de ceux de Michel Ange, par d'Aviler. *Paris, J. Mariette, 1750, in-4. v. m. fig.* — 20 —

112 Recueil des Plans, Coupes & Elévations du nouvel Hôtel-de-ville de Rouen, par Mat. le Carpentier. *Paris, Ch. Ant. Jombert, 1758, in-fol. fig. m. r.* — 6 —

113 Elémens de fortification, par Leblond. *Paris, Jombert, 1775, in-8. v. j. fil. fig.* — 9 — 1.

114 Elémens de l'Architecture navale, par Duhamel du Monceau. *Paris, 1758, in-4. fig. v. m.* — 11 — 2

115 Eſſai géométrique & pratique ſur l'Architecture Navale, par M. Vial du Clairbois. *Breſt, Malaſſis, 1776, 2 tom. en un vol. in-8. v. éc. fil. fig.* — 5 —

116 Traité de la Conſtruction des Vaiſſeaux, avec une explication où l'on démontre les principes de l'Architecture navale, &c. par Fréd. Chapman, trad. du Suédois. *Paris, Saillant, 1779, in-fol. v. m. fil. fig.* — 18 — 1

117 Traité de la Conſtruction des Vaiſſeaux, — 5 — 19 D

par Fréd. Henr. de Chapman. *Paris*, 1781;
in-4. fig. v. m.

118 Essai sur l'Horlogerie, dans lequel on traite
de cet art relativement à l'Usage civil, à l'As-
tronomie & à la Navigation, par Ferd. Berthoud.
Paris, *Jombert*, 1768, 2 vol. *in-4. fig. v. m.*

119 Traité des Horloges marines, contenant la
Théorie, la Construction de ces machines, par
Ferdinand Berthoud. *Paris*, *Musier*, 1773,
in-4. fig. v. m.

BELLES-LETTRES.

120 DE la manière d'enseigner & d'étudier les
Belles-Lettres, par Rollin. *Paris*, 1755, 4 vol.
in-12. mar. bleu, d. s. t.

121 Le Dictionnaire françois anglois, & anglois-
françois, par Boyer. *Londres*, *Vaillant*, 1773,
2 vol. *in-4. v. jasp.*

122 Grammaire espagnole & françoise, par So-
brino. *Bruxelles*, *Foppens*, 1745, *in-12. bas.*

123 Ortografia de la lengua Castellana, com-
puesta por la real Academia española. *Madrid*,
Ibarra, 1775, *in-12. v. m.*

124 Dictionnario de la lengua Castellana com-
puesto por la real Academia española. *En Madrid*, *D. Fran. Del Hierro*, 1726, 6 vol.
in-fol. v. éc.

125 Les Elémens de la Langue angloise, par
Peyton. *Paris*, *Pissot*, 1787, *in-12. bas.*

126 A général Dictionnary of the English lan-
guage to which is prefixed a rhetorical gram-

N° 123 ch. d'Assomption

N° 124. ch. d'Assomption

N° 134 M. d'Assas

N° 134. M. d'Assas

N° 135. M. Caillaux

mar, by S. Johnson. *London, Dodsley*, 1780,
2 vol. *in-4. veau jasp. fil.*

127 M. T. Ciceronis de finibus bonorum &
malorum libri V, ex recensione Joan. Davisii.
Cantabrigiæ, Typ. Acad. 1741, *in-8. v. b.* — 9.....12

128 Lettres de Ciceron à Atticus, traduit. par
l'abbé Mongault. *Par. veuve Delaulne*, 1738,
6 vol. *in-12. v. m.* — — — — — 35.....19

129 Recueil des Oraisons funebres de Bossuet,
Flechier & Mascaron. *Paris, Desaint*, 1762,
3 vol. *in-12. v. éc. fil. & v. m.* — — — 6.....

130 Menandri & Philemonis reliquiæ, gr. & lat.
cum notis variorum. *Amstelodami*, 1709, *in-8.*
veau fauve. — — — — — — — 14.....12

131 Theâtre de Sophocle, trad. en entier, avec
des remarques & un examen de chaque pièce,
par M. de Rochefort. *Paris, Nyon l'aîné*,
1788, 2 vol. *in-8. tirés sur papier in-4. br.* — 48.....2

132 Titi Lucretii Cari de rerum natura libri sex.
Birminghamiæ, Joan. Baskerville, 1772, *in-4.*
mar. rouge. — — — — — — — 50.....19

133 Pub. Virgilii Maronis Bucolica, Georgica
& Æneis. *Birminghamiæ, Joan. Baskerville*,
1757, *in-4. m. r.* Première Edition. — — 200.....1.

134 Quintus Horatius Flaccus. *Birminghamiæ,*
Joan. Baskerville, 1770, *in-4. fig. m. r.* — 150.....12

135 Les Métamorphoses d'Ovide, en latin, trad.
en françois, avec des remarques & des expli-
cations historiques, par l'Abbé Banier, Ouvrage enrichi de figures gravées par Bernard
Picart. *Amster. H. & J. Wetstein*, 1732, 2 tom.
rel. en un vol. *in-fol. v. m.* — — — 177.....9

136 Les Métamorphoses d'Ovide en latin & en
françois, trad. par Banier, avec les figures de. 185

Lemire & Bafan. *Paris, Bafan,* 1767 ; 4 vol.
*in-*4. *v. m. fil d. f. t. fig.*

137 M. Accii Plauti Comœdiæ, cum notis variorum. *Amftelodami, Blaeu,* 1684, 1 tom.
en 2 vol. *in-*8. *v. j. fil.*

138 Les Œuvres de Plaute, en latin & en franç.
trad. par H. P. de Limiers. *Amfter.* 1719,
10 vol. *in-*12. *fig. v. b.*

139 Publii Terentii Comœdiæ. *Birminghamiæ,*
Joan. *Baskerville,* 1772, *in-*4. *m. r.*

140 P. Terentii Afri Comœdiæ fex, cum notis
variorum. *Lipfiæ, Georgius,* 1774, 2 vol. *in-*8.
v. f. fil.

141 Les Comédies de Terence, avec la traduc.
& les remarques de Mad. Dacier. *Amfterdam,*
Wetftein, 1724, 3 vol. *in-*12. *m. r. d. f. t. fig.*

142 Decii Junii Juvenalis & Auli Perfii Flacci
Satyræ. *Birminghamiæ, J. Baskerville,* 1761,
*in-*4. *m. r.*

143 L'Anti-Lucrece, par le Card. de Polignac,
trad. par de Bougainville. *Paris, Guerin,*
1749, 2 vol. *in-*8. *v. m. fil.*

144 Dictionnaire de rimes, par P. Richelet. *Par.*
1781 , *in-*8. *baf.*

145 Recueil des plus belles pièces des Poëtes
François, &c. *Paris,* 1692, 5 vol. *in-*12. *v. b.*

146 Œuvres de Boileau Defpreaux , avec les notes
de Saint - Marc. *Paris, (Hollande)* 1772 ,
5 vol. *in-*8. *v. m. fil. d. f. t.*

147 Les Mois , poëme, par Roucher. *Par.* 1779 ,
2 vol. *in-*4. *fig. v. éc.*

148 Bibliothèque des Theâtres contenant le Catalogue alphabétique des Pièces dramat. &c.
Paris, Prault, 1733 , *in-*8. *m. r. d. f. t.*

149

No 137. M. Caillard

No 138. ~~Jacquinot~~ pot M. Bo

No 140 M. Caillard

149 Dictionnaire portatif des Théâtres, contenant
l'origine des différens Théâtres de Paris, le
nom des Pièces qui y ont été repréſentées, &c.
Paris, Jombert, 1754, in-8. v. m. fil. d. ſ. t.

150 Dictionnaire des Théâtres de Paris, contenant toutes les Pièces qui ont été repréſentées,
&c. Paris, Lambert, 1756, 7 vol. in - 12.
mar. r. d. ſ. t.

151 Hiſtoire du Théâtre François, depuis ſon
origine, par Parfait. Amſt. Compagnie, 1735,
15 vol. in-12. mar. bleu. d. ſ. t.

152 Théâtre Franç. ou Rec. des meilleures pièces
de Théâtre. Par. 1737, 12 vol. in-12. mar. bl.

153 Œuvres théâtrales, compoſées de pieces de
différens bons Auteurs. Amſterd. 1761, 6 vol.
in-8. v. éc. fil. d. ſ. t.

154 Œuvres de P. & T. Corneille. Paris, Prault,
1758, 19 vol. petit in-12. m. r. d. ſ. t.

155 Théâtre de Quinault. Paris, Duchefne,
1778, 5 vol. in-12. v. m.

156 Œuvres de Jean Racine, avec des Commentaires par M. Luneau de Boiſjermain. Paris,
Cellot, 1768, 7 vol. in-8. v. m. fig.

157 Recueil de Diſſertations ſur pluſieurs Tra-
gédies de Corneille & de Racine. Par. Giſſey,
1740, 2 vol. in-12. m. r. d. ſ. t.

158 Œuvres de Rivière Dufresny. Paris, Briaſſon,
1747, 4 vol. in-12. m. r. d. ſ. t.

159 Œuvres de M. Nivelle de Lachauſſée. Par.
Prault, 1762, 5 vol. pet. in-12. veau m. fil.
doré ſur tranche.

160 Recueil des Pièces miſes au Théâtre Franç.
par le Sage. Paris, Barrois, 1739, 2 vol. in 12.
mar. bleu, d. ſ. tr.

B

161 La Femme Docteur, ou la Théologie tom-
bée en quenouille, Comédie. *Amsterd.* 1731.
— Le Saint Deniché, ou la Banqueroute des
Marchands de Miracles, Comédie. 1733, *in*-12.
veau fauve.

162 Ballets, Opera & autres Ouvrages lyriques,
par ordre chronologique, &c. (par le Duc de
la Vallière.) *Paris, Bauche,* 1760, *in*·8. *m.r.*
doré fur tranche.

163 Le rime del Petrarca brevemente efpofte
per Lod. Caftelvetro. *In Venezia, Ant. Zatta,*
1756, 2 vol. *in*-4. *v. m.*

164 Orlando furiofo di Lodovico Ariofto. *Parigi,*
Molini, 1788, 5 vol. *in*-12. *br.*

165 Il Paftor Fido tragicommedia paftorale del
Cavalier Guarini. *In Glafgua, Rob. & And.*
Foulis, 1763, *in*-8. *fig. v. m.*

166 Poëfie del Abbate Metaftafio. *Parigi,* Durand, 1773; 6 vol. *in*-12. *v. éc. fil.*

167 La Lufiade du Camoëns, Poëme héroïque,
trad. du Portugais, par Duperon de Caftera.
Paris, Huart, 1735, 3 vol. *in*·12. *fig. v. m.*

168 Bell's édition of the poets of great Britain from
Chaucer to Churchill. *London*, 1781, 109 vol.
in-18. *v. j. fil.* Belle Rel. Ang. & renfermés
dans deux boëtes in-fol.

169 Paradife loft, a Poem, the author John Mil-
ton from the text of Thomas Newton. *Bir-*
mingham, John Baskerville, 1759, *in* - 4·
mar. rouge.

170 The Works of Shakefpear. *Oxford, Printed*
at the Clarendon prefs, 1771, 6 vol. *in* - 4·
v. jafp. fig.

171 A Selection of the moft favourite Scots fongs

N° 169 jacquand px^t

N° 170. B.   ^ William

N° 171. B.

N° 178 M. Caillard.

N° 179. MM

adapted for the harpſichord with an accompaniment-for a violin, by eminent Maſters. *London, in - fol. v. m. fil.* avec une eſtampe de Bartolozzi.

172 Recherches ſur les coſtumes & ſur les Théâtres de toutes les Nations tant anciennes que modernes, avec fig. en couleur & au lavis, deſſinées par Chery. *Paris, Drouin,* 1790, 12 livr. *in-4. br.* - - - - -

173 Les Œuvres de François Rabelais. *Geneve,* 1782, 4 vol. *in-18. v. éc. fil. d. ſ. t.* - - - -

174 Il Decamerone di M. Giovanni Boccaccio. *In Londra,* 1757, 5 vol. *in-8. v. éc. fil. d. ſ. t. fig.* - - - - -

175 Hiſtoire amoureuſe de Pierre le Long, & Blanche Bazu, ſuivie de la Roſe, ou la fête de Salency. *Paris, Ruault,* 1778, *in-8. fig. v. m.*

176 Annales galantes de la Cour de Henri II, par Mlle de Luſſan. *Amſt.,* 1749, 2 vol. *in-12. v. m.* - - - - -

177 Vida y hechos del ingenioſo Hidalgo Don Quixote de la Mancha, compueſta por Miguel de Cervantes Saavedra. *En Haia, P. Goſſe,* 1744. 4 vol. *in-8. m. r. d. ſ. t. fig.*

178 El ingenioſo Hidalgo Don Quixote de la Mancha, compueſto por Miguel de Cervántes Saavedra, nueva edicion corregida por la Real Academia Eſpañola. *En Madrid, don Joaq. Ibarra,* 1780, 4 vol. *in-4. fig. baſ.* - - -

179 Origine des découvertes attribuées aux modernes où l'on démontre que nos plus célèbres Philoſophes ont puiſé leurs connoiſſances dans les ouvrages des anciens, par M. Dutens. *Paris, Duchefne,* 1776, 2 vol. *in-8. v. j. fil.* - - -

180 Les cinq années littéraires, *ou* Lettres de Clément, fur les ouvrages de Littérature, qui ont paru dans les années 1748 — à 1752. *Berlin*, 1755, 2 vol. *in*-12. *v. m.*

181 Recueil de Pieces choifies , tant en profe qu'en vers. *La Haye , Van Lom*, 1714, 2 vol. *in*-8. *v. b.*

182 Variétés littéraires. *Paris , Lacombe*, 1768, 4 vol. *in*-12. *v. m.*

183 Mêlanges de Littérature , d'Hiftoire & de Philofophie, par d'Alembert. *Paris , Barrois*, 1773 , 5 vol. *in*-12. *v. m.*

184 Recueil de pieces intéreffantes , concernant les Antiquités, les Beaux-Arts, les Belles-Lettres , &c. *Paris*, 1787, 5 vol. *in*-8. *br.*

185 Les Effais de Montaigne , avec les notes de Cofte. *Londres , Nourfe*, 1769, 10 vol. *in*-12. *v. m.*

186 Recueil de divers Ouvrages en profe & en vers, par le P. Brumoy. *Paris , Rollin*, 1741, 4 vol. *in*-12. *v. m. fil. d. f. t.*

187 Œuvres du P. Ducerceau. *Par. veuve Etienne*, 1733 , 2 vol. *in*-12. *v. b.*

188 Œuvres complettes de Madame de Staal, contenant fes Mémoires & fes Comédies. *Paris , Barrois aîné*, 1783 , 2 vol. *in*-12. *v. j. fil.*

189 Œuvres de Fontenelle. *Paris , Brunet*, 1758, 11 vol. *in*-12. *m. r. d. f. t.*

190 Œuvres de Houdard de la Motte. *Paris, Prault*, 1754, 11 v. *in*-12. *v. éc. d. f. t.* Gr. Pap.

191 Œuvres de Maupertuis. *Lyon , Bruyfet*, 1756, 4 vol. *in*-8. *v. m.*

192 Œuvres de Moncrif. *Paris*, 1768, 4 vol. *in*-12. *v. m.*

195 - mr andry

193 Œuvres de Thomas. *Paris, Moutard*, 1773, 4 vol. *in-12. v. m.* — 10

194 Œuvres de Boulanger. *En Suiffe*, 1791, 10 vol. *in-12. br.* — — — — — — — — — — — — 10 — 19

195 Œuvres complettes de M. de Saint-Foix. *Par. veuve Duchefne*, 1778, 6 vol. *in-8. mar. r. d. f. t.* Papier d'Hollande. — — — — — — — 180 — 1.

196 Œuvres mêlées de M. L. Dutens, contenant le Traité des Pierres précieufes, &c. *Genève, Bonnant*, 1784, *in-8. v. jafpé fil.* — — — — 5 — 10

197 Œuvres complettes de M. Marmontel. *Par. Née de la Rochelle*, 1787, 17 vol. *in-8. v. porph. fil. Pap. Fin.* — — — — — — — — 239 — 19

198 The Works of fir Will. Temple. *London*, 1770, 4 vol. *in-8. v. m.* — — — — — — — 24 —

199 The Workf of John Locke. *London, W. Strahan*, 1777, 4 vol. *in-4. v. porph.* — — — 180 — 19

200 The Workf of Jofeph Addiffon. *Birmingham. Baskerville*, 1761, 4 vol. *in-4. r. f.* — — — 192 —

201 Def. Erafmi Colloquia. *Lugd. Batavorum, ex Off. Elzeviriana*, 1636, *in-18. m. r. fil.* — — 9 — 12

202 Les Lettres de Roger de Rabutin, Comte de Buffy. *Paris, veuve Delaulne*, 1737, 7 v. *in-12. v. éc. fil.* — — — — — — — — — 7 — 12

203 Lettres de Ninon de Lénclos au Marquis de Sevigné, avec fa vie. *Paris, Bauche*, 1757, 2 vol. *in-12. v. m.* — — — — — — — — 3 — 152

204 Lettres choifies de Chriftine, Reine de Suède, à Defcartes, Gaffendi, &c. 1759, 2 vol. *in-12.* veau jafpé. — — — — — — — — — — — 2 —

205 Lettres du Baron de Pollnitz, contenant les obfervations qu'il a faites dans fes voyages, &c. *Londres, Nourfe*, 1747, 5 vol. *in-12.* veau man. — — — — — — — — — — — 4 — 5

206 Sailor's Letters by M. Thompson. *London,*
1767, 2 vol. *in-12.* rel. en cart.

HISTOIRE.

207 Méthode pour étudier la Géographie,
par Lenglet du Fresnoy. *Paris,* 1768, 10 vol.
in-12. v. m.

208 Géographie historique, ecclésiastique & civile,
ou Description de toutes les parties du Globe
Terrestre, enrichie de Cartes géographiques,
par Don Joseph Vaissette. *Paris, Dessaint,*
1755, 4 vol. *in-4.* demi rel.

209 Géographia, seu Cosmographia Blaviana, qua
orbis terræ tabulis ante oculos ponitur, &
descriptionibus illustratur. *Amstelædami, Joan.
Blaeu,* 1655, XI Tom. rel. en 12 vol. *in-fol.*
vel. d. s. t. cartes enluminées.

210 Recueil de Cartes avec l'explication en Anglois. *in-4. br.*

211 The commercial and political Atlas repre-
senting the exports, imports and général
trade of England, by Will Playfair. *London,
Debrett,* 1786, *in-4. obl. br.* avec cartes color.

212 The East India pilot, or oriental Navigator,
on one hundred and fourteen plates : con-
taining a complete collection of charts, maps,
plans, &c. with sailing directions for the navigation not only of the Indian and China
seas, but those also between england and the
cape of good hope : &c. *London, Rob. Sayer,*
in-fol. v. m.

213 Le Voyageur françois, *ou* la Connoissance

N.º 210. B.

N.º 211. B.

N.º 212. B.

de l'ancien & du nouveau Monde, par l'abbé de Laporte. *Paris, Vincent,* 1766, 28 vol. *in-12. v. m.*

214 An account of the voyages undertaken by the order of his present majesty for making discoveries in the southern hemisphère, and successively performed by Commodore Byron, Wallis, Carteret, and captain Cook; drawn up from the journals which were keept by the several commanders, and from the papers of Joseph Banks, by John Hawkesworth. *London, W. Strahan,* 1773, 3 vol. *in-4. m. r. d. s. t. fig.*

215 A voyage towards the south pole and round the world performed by his royal majesty's ships the Resolution and Adventure in the years 1772, 73, 74, 75, written by James Cook. *Lond. W. Strahan,* 1779, 2 vol. *in-4. m. r. fig.*

216 A voyage to the pacific Ocean undertaken by the command of his majesty for making discoveries in the northern hemisphere, performed in his majesty's ships the Resolution and Discovery in the years 1776, 77, 78, 79, & 1780, by James Cook. *London, G. Nicol,* 1784, 3 vol. *in-4. m. r. fig. l'Atas br. en carton in fol.* Premieres & Superbes Epreuves.

217 Voyage fait par ordre du Roi en 1771 & 72, en diverses parties de l'Europe, de l'Afrique & de l'Amérique pour vérifier l'utilité de plusieurs méthodes & instrumens, par M. Verdun de la Crenne. *Paris, de l'Imprimerie Royale,* 1778, 2 vol. *in-4. v. m. fig.*

218 Le Porte-Feuille nécessaire à tous les Seigneurs qui font le tour d'Italie, en Anglois &

en François. *Londres, Dury,* 1774, *in-8. m. r.*

219 Relation du voyage d'Espagne, (par Mde
d'Aulnoy.) *La Haye, Van Bulderen,* 1691,
3 vol. *in-18. v. j. fil.*

220 The Lady's travels into Spain. *London, Da-vies,* 1774, 2 vol *in-12. v. b.*

221 Voyage de H. Swinburne en Espagne, en 1775
& 1776, trad. de l'anglois, par M. de la Borde.
Paris, Didot l'aîné, 1787, *in-8. br.*

222 Nouveau voyage en Espagne, *ou* Tableau de
l'état actuel de cette Monarchie, par Bourgoing.
Paris, 1789, 3 vol. *in-8. br.*

223 Nouvelles Relations du Levant, avec une
description de l'Empire Turc en Europe, par
Poullet. *Paris, Billaine,* 1668, 2 vol. *in-12.
v. b. fig.*

224 Voyages de Chardin en Perse & autres lieux
de l'Orient. *Paris, Gab. Amaulry,* 1723, 10
vol. *in-12. fig. v. b.*

225 Voyage du Chevalier Chardin en Perse, &
autres lieux de l'Orient. *Amsterdam, Compa-gnie,* 1735, 4 vol. *in-4. fig. v. f. fil.*

226 Voyage au Levant, c'est-à dire dans les prin-cipaux endroits de l'Asie mineure, dans les Isles
de Chio, Rhodes & Chypre, &c. par Cor-neille le Brun. *Paris, Guill. Cavelier,* 1714.
in fol. v. b. fig.

227 La terre sainte, *ou* Description topographique
des saints lieux, & de la terre de promission
par F. Eugène Roger. *Paris, Ant. Bertier,*
1664, 2 vol. *in-4. bas. fig.*

228 Relation fidèle du Voyage de la terre sainte,
par un Religieux de S. François. *Paris, Valleyre,*
1760, *in-12. bas.*

N° 222. M. Caillard

N° 225. M. Caillard

N° 228. M. d'Ormesson

Nº 232. M. Caillard

Nº 233 M. Caillard

229 Voyage de Dellon, avec sa relation de l'in-
quisition de Goa. *Cologne, P. Marteau*, 1709,
2 t. *en* 1 vol. *in-12. v. j.* ~ ~ ~ ~ ~ ~

230 Voyage aux Indes orientales & à la Chine,
fait par ordre du Roi, depuis 1774 jusqu'en
1781, dans lequel on traite des Mœurs, de la
Religion, des Sciences, &c. des Indiens, des Chi-
nois, suivi d'observations sur le Cap de Bonne-
Espérance, &c. par M. Sonnerat. *Paris, Froullé*,
1782, 2 vol. *in-4. v. m. fil. fig.* ~ ~ ~ ~

231 Journal du Voyage de Siam, par l'Abbé de
Choisy. *Paris*, 1687, *in-4. v. b.* ~ ~ ~ ~

232 Journal du Voyage fait par ordre du Roi à
l'Equateur, & mesure des trois premiers degrés
du méridien dans l'hémisphère austral, par M.
de la Condamine. *Paris, de l'Imprim. Royale*,
1751, 2 tom. *en* 1 vol. *in-4. v. m. fil. fig.* ~

233 Voyage Historique de l'Amérique méridio-
nale, fait par ordre du Roi d'Espagne, par
Don George Juan, & Don Antoine de
Ulloa. *Amsterdam, Arkstée*, 1752, 2 vol.
in-4. v. jasp. fil. fig. ~ ~ ~ ~ ~ ~

234 Relation de l'Isle de Tabago, par de Rochefort. *Paris, Billaine*, 1666, *in-12. v. b.*

235 Discours sur l'Histoire Universelle, par Bossuet. *Paris, Didot l'aîné*, 1784, *in-4. m. r.*

236 Introduction à l'Histoire moderne, générale
& politique de l'Univers, où l'on voit l'origine, les révolutions, & la situation présente
des différens Etats de l'Europe, de l'Asie, de
l'Afrique, & de l'Amérique, commencée par
Puffendorf, augmentée par Bruzen de la Marti-
nière, revue par M. de Grace. *Paris, Mérigot*,
1753, 8 vol. *in-4. m. bl. d. s. t. Pap. d'Holl.*

237 Mélanges Historiques, par Camusat. *Troyes,*
1619, *in-8. v. b.*

238 Histoire universelle de Jac. Auguste de Thou.
Londres, 1734, 16 vol. *in-4. m. r. d. f. t.*
Gr. Pap. avec les portraits d'Odieuvre.

239 L'Espion dans les cours des princes chrétiens,
par Marana. *Amst.* 1755, 6 vol. *in-12. v. b.*

240 Decadas de la Guerra de Alemania, e In-
glaterra, Francia, España, y Portugal, (en
1755), por D. Joseph Vicente de Rustant. *En*
Madrid, 1765, 10 vol. *in-12. v. m. fil.*

241 Histoire du Peuple de Dieu, depuis son origine jusqu'à la naissance du Messie, &c. par le P.
Isaac Jos. Berruyer. *Paris, Veuve Pissot,* 1728,
14 vol. *in-4. v. m.*

242 Histoire Ecclesiastique par Fleury. *Paris,*
le Mercier, 1750, 37 vol. *in-4. m. verd d. f. t.*

243 Histoire de la naissance & des progrès de la
Compagnie de Jesus. 1761, 5 vol. *in-12. v. m.*

244 Histoire des chevaliers Hospitaliers de S. Jean
de Jérusalem, appellés depuis les chevaliers de
Rhodes, & aujourd'hui les Chevaliers de Malte,
par l'Abbé de Vertot. *Paris, Rollin,* 1726,
4 vol. *in-4. v. m. fig.*

245 De l'importance des opinions Religieuses,
par Necker. *Paris, Hôtel de Thou,* 1788,
in-8. v. br. fil.

246 Cérémonies & Coutumes Religieuses de tous
les Peuples du monde, représentées par des
figures dessinées de la main de Bern. Picart.
Amsterdam, J. F. Bernard, 1739, 11 vol.
in-fol. m. r. Gr. Pap.

247 The Grecian history, by Dr. Goldsmith.
London, 1774, 2 vol. *in-8. v. b.*

739. mr andry

N° 240. B.

N° 241. jacquinod 10.e

Nº 248. ile de St just

252. mr andry

Nº 255. jacquemard coo*

248 C. Crispus Sallustius & L. Annæus Florus. *Birminghamiæ, Baskerville,* 1773, *in*-4. *v. f. fil.*

249 La République Romaine , *ou* Plan général de l'ancien Gouvernement de Rome, par M. de Beaufort. *La Haye, Nic. Van Daalen,* 1766, 2 vol. *in*-4. *v. m. fil. d. f. t.*

250 Histoire Romaine, depuis la fondation de Rome, jusqu'à la fin de la République, par Rollin. *Paris, les freres Etienne,* 1758, 16 v. *in* 12. *mar. bl. d. f. t.*

251 Histoire des Empereurs Romains, depuis Auguste jusqu'à Constantin, par M. Crevier. *Paris, Dessaint,* 1749, 12 vol. *in* - 12. *mar. bleu d. f. t.*

252 Des Mœurs & des Usages des Romains. *Paris, Briasson,* 1744, 2 vol. *in*-12. *v. m.*

253 L'Italie illustrée en CXXXV figures dessinées & gravées par les plus fameux Graveurs des Pays Bas. *in-fol. v. m.*

254 Delle revoluzioni d'Italia libri ventiquattro di Carlo Denina. *Torino, Reycends ,* 1769, 3 vol. *in*-4. *v. j. fil.*

255 Voyage pittoresque , *ou* Description des royaumes de Naples & de Sicile, par l'abbé de Saint-Non. *Paris,* 1781, 5 vol. *in* - *fol. fig. mar. r.* Exemplaire Superbe qui a été satiné, & d'Anciennes Epreuves.

256 Histoire de la révolution de Naples en 1647 & 1648, par Mlle. de Lussan. *Paris,* 1757, 4 vol. *in*·12. *v. m.*

257 Histoire de la République de Venise, par Laugier. *Paris, Duchesne,* 1759, 12 volumes *in*-12. *v. m.*

258 Histoire de la dernière révolution de Gènes,

avec une carte de la ville & de ſes environs. *Genéve, Cramer, 1758, 2 vol. in-12. m. cit. doré ſur tranche.*

259 Mém. ſur les événemens arrivés en Corſe depuis 1738 — 1741, par Jauſſin. *Lauſanne, 1758, 2 vol. in-12. v. b.*

260 Nouvelle Deſcription de la France, avec celle des Villes, Maiſons royales, &c. par Piganiol de la Force. *Paris, Deſprez, 1753, 13 vol. in-12. v. m. fig.*

261 Dictionnaire géographique - portatif de la France. *Paris, 1765, 4 vol. in-8. v. m.*

262 Atlas hiſtorique, chronologique & géographique du règne de Henri IV, depuis 1589 juſqu'en 1610. *Paris, Dezauche, 1783, in-4. demi rel.*

263 Hiſtoire critique de l'établiſſement de la Monarchie françoiſe dans les Gaules, par l'Abbé Dubos. *Paris, veuve Ganeau, 1742, 4 vol. in-12. v. m.*

264 Hiſtoire des Gaules & des conquêtes des Gaulois, depuis leur origine juſqu'à la fondation de la Monarchie françoiſe, enrichie de cartes, par Dom Jacques Martin. *Paris, Le Breton, 1752, 2 vol. in-4. v. m.*

265 Hiſtoire de France, par le P. Daniel. *Amſt. Arkſtée, 1755, 24 vol. in-12, mar. r. d. ſ. t.*

266 Hiſtoire de France, par Chalons. *Paris, Mariette, 1720, 3 vol. in-12. v. b.*

267 Hiſtoire de France, par Velly. *Paris, 1755, 26 vol. in-12. v. m.*

268 Nouvel Abrégé chronologique de l'Hiſtoire de France, contenant les événemens de notre Hiſtoire depuis Clovis juſqu'à la mort de Louis

N° 268. jacquemont hott

XIV, par le Préſident Henault. *Paris, Prault,* 1752, 2 vol. *in-4. m. r. dent. d. ſ. t. Gr. Pap. lav. reg. avec les portraits d'Odieuvre.*

269 Hiſtoire de la Rivalité de la France & de l'Angleterre, par Gaillard. *Paris, Saillant,* 1771, 11 vol. *in-12. baſ.* _ _ _ _ _ _ _ · -15 - 19

270 Principes de Morale, de Politique & de Droit public, puiſés dans l'Hiſtoire·de notre Monarchie, *ou* Diſcours ſur l'Hiſtoire de France, par M. Moreau. *Paris, Imprimerie Royale,* 1777, 14 vol. *in-8. v. m.* _ _ _ _ _ 33 ... 19

271 Hiſtoire de France depuis la mort de Louis XIV juſqu'à la Paix de Verſailles, de 1783, par des Odoards Fantin. *Paris, Moutard,* 1789, 8 vol. *in-12. v. éc. fil.* - _ _ _ _ _ 30 ... 10

272 Les Monumens de la Monarchie Françoiſe, qui comprennent l'Hiſtoire de France avec les fig. de chaque Regne que l'injure des tems a épargnées, par D. Bernard de Montfaucon. *Paris, Gandouin,* 1729 5 vol. *in-fol. fig. v. b. G. P.* 641

273 Les Origines, *ou* l'ancien Gouvernement de la France, de l'Allemagne & de l'Italie, par du Buat. *La Haye,* 1757, 4 vol. *in-12. v. m. fil.* _ _ _ _ _ _ 7 ...

274 Anecdotes des Reines & Régentes de France. *Amſt.* 1776, 6 vol. *in-12. v. m.* _ _ _

275 Hiſtoire de Charlemagne, précédée de conſidérations ſur la premiere race, & ſuivie de conſidératious ſur la ſeconde, par M. Gaillard. *Paris, Moutard,* 1782, 4 vol. *in-12. v. m.* _ _ 8 ...

276 Hiſtoire de Philippe-Auguſte. *Paris, Nyon,* 1745, 2 vol. *in-12. v. m.* _ _ _ _ _ 2 ... 6

277 Hiſtoire de Saint-Louis, Philippe de Valois, Charles V & Charles VI, par l'Abbé de 5 ... 1

Choisy. *Paris*, 1688, 4 vol. *in* 4. *v. b.*

278 Histoire du Regne de Charles VI, par Mlle de Lussan. *Paris*, 1753, 9 vol. *in*-12. *v. m.*

279 Histoire de Charles VII. *Paris, Didot*, 1754, 2 vol. *in*-12. *v. m.*

280 Histoire de Louis XI, par Duclos. *Paris, Guerin*, 1745, 3 vol. *in*-12. *v. m.*

281 Mémoires de Messire Philippe de Commines, où l'on trouve l'Histoire des Rois de France Louis XI & Charles VIII, par M. Godefroy, augment. par l'Abbé Lenglet Dufresnoy. *Paris, Rollin*, 1747, 4 vol. *in*-4. *m. r. d. f. Gr. P. avec les portraits d'Odieuvre.*

282 Histoire de Charles VIII, Roi de France, par Guillaume de Jaligny, André de la Vigne, & autres; le tout recueilli par Godefroy. *Paris, de l'Imprimerie Royale*, 1684, *in-folio, v. m.*

283 Histoire de Louis XII. *Paris, Lottin*, 1755, 3 vol. *in*-12. *v. m.*

284 Vie du Cardinal d'Amboise, premier Ministre de Louis XII, par le Gendre. *Amst.* 1726, *in*-4. *v. m.*

285 Histoire de François I, roi de France, par M. Gaillard. *Paris, Saillant*, 1769, 8 vol. *in*-12. *v. m.*

286 Histoire de Henri le Grand, par Perefixe. *Paris*, 1767, 2 vol. *in*-12. *v. m.*

287 Mémoires de Maximilien de Béthune, Duc de Sully, mis en ordre, avec des remarques, par M. l'Abbé de l'Ecluse. *Londres*, 1747, 3 vol. *in*-4. *m. r. d. f. t. Gr. Pap. avec les portraits d'Odieuvre.*

288 Moyens d'abus, entreprises & nullités du Refcrit & Bulle de Sixte V, contre Henri IV. 1586, *in*-8. *v. m.*

N° 281 Ch. Caillard

N° 287 jugement aout Ch. Caillard

289 Histoire de la mere & du Fils, par Mezerai.
Amst. 1731, 2 vol. *in-12. v. m.*

290 Histoire de Louis XIII, Roi de France, contenant les choses les plus remarquables, arrivées
en France & en Europe, depuis la minorité de
ce Prince, jusqu'à la mort de Villeroi, par
M. le Vassor. *Amst. Associés,* 1757, 6 tom. rel.
en 7 vol. *in-4. v. m.*

291 Histoire de la Vie de Louis XIII, par de Bury.
Paris, Saillant, 1768, 4 vol. *in-12. v. m.*

292 Mémoires pour servir à l'Histoire d'Anne
d'Autriche, par Madame de Motteville. *Amst.*
Changuion, 1750, 6 vol. *in-12. v. m.*

293 Le Trésor des Trésors de France, volé à la
Couronne, par les incogneues faussetés, artifi-
ces & suppositions commises par les principaux
Officiers de Finances, découvert & présenté à
Louis XIII en 1615, par Jean de Beaufort, Pa-
risien, avec les moyens d'en retirer plusieurs mil-
lions d'or, & soulager son Peuple à l'avenir.
1615, *in-8. m. viol. d. s. t.*

294 Mémoires du Duc de Rohan, sur les choses qui se sont passées en France depuis la mort
de Henri le Grand, jusqu'à la Paix faite avec
les Réformés, au mois de Juin 1629. *Amst.*
1756, 2 vol. *in-12. v. m.*

295 Testament politique du Cardinal de Richelieu. *Paris, le Breton,* 1764, 2 vol. *in-8.*
v. m.

296 Le véritable Pere Joseph, Capucin, nommé
au Cardinalat, contenant l'Histoire anecdote
du Cardinal de Richelieu. *A Saint Jean de*
Maurienne, Butler, 1750, 2 vol. *in-12. v. m.*

297 Mémoires de Mlle de Montpensier. *Amst.*

J. *Wetstein*, 1735, 8 tom. rel. en 4 vol. *in-12.* *v. m.*

298 Mémoires du Cardinal de Retz, de Joly & de la Duchesse de Nemours. *Geneve, Fabry,* 1751, 7 vol. *in-12. v. m. fil.*

299 Les Mémoires de Roger de Rabutin, Comte de Buffi. *Paris, Rigaud,* 1712, 3 vol. *in-12. v. b.*

300 Hiftoire du vicomte de Turenne, par Raguenet. *Paris,* 1769, *in-12. v. m.* — Hiftoire de Thamas Kouli-Kan, Roi de Perfe. *Paris, Briaffon,* 1742, *in-12. v. m.*

301 Mémoires du Comte de Forbin, Chef d'efcadre. *Amfterdam, Girardi,* 1748, 2 vol. *in-12. v. m.*

302 Mémoires de M. de Bordeaux, Intendant des Finances. *Amfterd. Compagnie,* 1758, 4 vol. *in-12. v. m.*

303 La Cour de France turbanifée, & les Trahifons demafquées. *Cologne, P. Marteau,* 1686, *in-18. velin.*

304 Les Héros de la France fortans de la barque de Caron, s'entretenans avec MM. de Louvois, Colbert & Seignelai. *Cologne, P. Marteau,* 1693, *fig.* — La France ruinée fous le règne de Louis XIV, par qui & comment, avec les moyens de la rétablir en peu de temps. *Col. P. Marteau,* 1696, *in-18. v. m. fil.*

305 Mémoires de Torcy. *La Haie,* 1757, 3 v. *in-12. v. m.*

306 La Vie de Philippe d'Orléans, Régent du Royaume pendant la minorité de Louis XV. *Londres, Compagnie,* 1737, 2 vol. *in-12. v. m.*

307 Mémoires de la Régence. *La Haye, Van-Duren,* 1742, 3 vol. *in-12. fig. v. m.*

308

306 mr andvy

307. mr andvy

N° 316. Bon.

N° 317. M. d'Esmisson

308 Histoire du Systême des Finances sous la minorité de Louis XV. *La Haye, de Hondt*, 1739, 6 tom. rel. en 3 vol. *in-12. v. b.* . . . .

309 Histoire générale & particulière du visa fait en France pour la réduction & l'extinction de tous les papiers royaux, &c. *La Haye, Scheurleer*, 1743, 4 tom. en 2 vol. *in-12. v. b. fil.* . .

310 Mémoires du Maréchal de Berwick, écrits par lui-même. *Paris, Moutard*, 1780, 2 vol. *in-12. v. m.*

311 Vie du Maréchal Duc de Villars, écrite par lui-même, & donnée par M. Anquetil. *Paris, Moutard*, 1785, 4 vol. *in-12. v. m.*

312 Mémoires politiques & militaires, pour servir à l'histoire de Louis XIV & de Louis XV, composés sur les pièces recueillies par Adrien Maurice, Duc de Noailles, par l'Abbé Millot. *Paris, Moutard*, 1777, 6 vol. *in-12. v. m.*

313 Lettres, Mémoires, & Négociations particulières du Chevalier d'Eon. *Lond. Dixwel*, 1764, *in-4. v. j.*

314 Les Loisirs du Chevalier d'Eon de Beaumont, Ministre Plenipotentiaire de France, pendant son séjour en Angleterre. *Amsterdam*, 1774, 13 vol. *in-8. v. éc. fil.*

315 Journal de la révolution opérée dans la Constitution de la Monarchie Françoise, par Maupeou. *Londres*, 1775, 7 vol. *in-12. bas.*

316 Vie privée de Louis XV, *ou Principaux* événemens, Particularités & Anecdotes de son règne. *Londres, Lyton*, 1781, 4 tomes en 2 vol. *in-8. v. br. fil.*

317 Médailles du règne de Louis XV. *in-fol. v. m.* doré *s. t. fil.*

318 Hiſtoire des Conquêtes de Louis XV, tant
en Flandre que ſur le Rhin, &c. depuis 1744,
juſqu'à la paix de 1748, par Dumortous. *Par.
Delormel*, 1759, *in-fol. v. éc. fil. fig.*

319 Correſpondance générale des Emigrés, *ou*
les Emigrés peints par eux-mêmes. *Par. Buiſſon*,
1793, *in-8. v. jaſp. fil.*

320 Voyage Pittoreſque de Paris & des environs.
Paris, de Bure, 1765, 2 vol. *in-12. fig. v. m.*

321 Eſſai ſur l'Hiſtoire de Neuſtrie, *ou* de Nor-
mandie. *Paris*, 1789, 2 vol. *in-12. br.*

322 L'Hiſtoire de Bretagne, des Rois, Ducs,
Comtes & Princes d'icelle, par Bertrand d'Ar-
gentré. *Rennes, Vatar*, 1668, *in-fol. v. b.*

323 Hiſt. de Dauphiné, & des Princes qui ont
porté le nom de Dauphins, particulièrement de
ceux de la 3ᵉ. race. *Genève, Fabri*, 1722,
2 vol. *in-fol. v. f. fil.*

324 Conſidér. ſur l'Eſprit militaire des Gaulois,
par de Sibert. *Paris, veuve Deſſaint*, 1774,
in-12. v. m.

325 Abrégé de l'hiſtoire de la Milice Françoiſe,
du P. Daniel. *Paris, Nyon aîné*, 1780, 2 vol.
in-12. v. m. fig.

326 Procès-Verbal des Etats Généraux tenus à
Tours, ſous le Roi Charles VIII, l'an 1483,
compilé par Jean Maſſelin, Official de l'Arche-
vêque de Rouen. *in-fol. v. m. fil. manuſ.*

327 Lettres ſur les anciens Parlemens de France,
que l'on nomme Etats - Généraux, par Boulainvilliers. *Lond. Wood*, 1753, 3 vol. *in-12. v. f.*

328 Hiſtoire de la Pairie de France, & du Parl.
de Paris, par Boulainvilliers. *Lond. Harding*,
1740, *in-12. v. f.*

No 326. M. d'arm[...]

Nᵒ 329. Bon.

Nᵒ 338. ch. de St just.

329 Traité historique des Monnoies de France, par le Blanc, avec la Differtation fur quelques monnoies de Charlemagne, &c. *Par. Robuftel,* 1690, *in* 4. *v. f. fil. fig.* _ _ _ _ _ _ _ _ 31 _ _ 12

330 Hiftoire de l'Empire, par Héifl. *Par.* 1731, 10 vol. *in*-12. *v. b.* _ _ _ _ _ _ _ _ 15 _ 2

331 Hift. du Prince Eugène de Savoye. *Vienne,* *Briffaut,* 1777, 5 vol. *in*-12. *fig. v. m.* _ _ _ _ 9 _ 4

332 Mémoires du Marquis Maffei , Lieutenant Général des troupes de l'Electeur de Bavière, &c. *La Haye, Neaulme,* 1740, 2 vol. *in*-12. *veau. mar.* _ _ _ _ _ _ _ _ _ 1 _ 10

333 De la Monarchie Pruffienne fous Fréderic-le - Grand, avec un appendice contenant des recherches fur la fituation actuelle des principales contrées de l'Allemagne, par Mirabeau. *Londres,* (*Paris*) 1788, 4 vol. *in*-4. & 1 vol. d'Atlas, *in-fol. br.* _ _ _ _ _ _ _ _ 27 _ 12

334 Vie de Frédéric II, Roi de Pruffe. *Straf.* *Treuttel,* 1788 , 4 vol. *in*-8. *v. éc. fil.* _ _ _ _ 13 _ 1

335 Hiftoire fecrette de la Cour de Berlin, (par Mirabeau). 1789, 2 tom. en 1 vol. *in* - 8. *m. r. fil.* _ _ _ _ _ _ _ _ _ 12 _ 19

336 Théâtrum Urbium Belgicæ regiæ & fœderatæ. 2 vol. *in-fol. fig. vel. d. f. tr.* _ _ _ _ _ _ 50 _ 1

337 Les Délices des Pays-Bas, *ou Defcription* des XVII Provinces Belgiques. *Liége, Baffom-* *pierre,* 1769, 5 vol. *in*-12. *v. m. fig.* _ _ _ 15 _ 3

338 Della guerra di Fiandra defcritta dal Cardinal Bentivoglio. *In Colonia,* 1635, 3 vol. *in*-8. *veau fauve.* _ _ _ _ _ _ _ _ _ 8 _ 10

339 Mémoires du Cardinal de Bentivoglio. *Par.* 1713, 2 vol. *in*-12. *v. b.* _ _ _ _ _ _ _ 2 _ 1

340 Etat préfent de la République des Provinces. _ _ 1 _ 12

Unies, par Janiçon. *La Haye*, 1739, 2 vol. *in-12. baſ.*

341 Advis fidele aux véritables Hollandois, touchant ce qui s'eſt paſſé dans les villages de Bodegrave & de Swammerdam, & les cruautés inouies que les François y ont exercées. 1673, *in-4. vel.* fig. de Romain de Hooghe.

342 Lettres ſur la Suiſſe, par un Voyageur Franç. (M. de la Borde) en 1781. *Paris, Jombert,* 1783, 2 tom. en 1 vol. *in-8. m. r.*

343 Tableaux topographiques, pittoreſques, phyſiques, hiſtoriques, moraux, politiques, littéraires, &c. de la Suiſſe. *Paris, Clouſier,* 1780, 2 v. *in-fol. fig. v. m.*

344 Mémoires & Lettres de Henry, Duc de Rohan, ſur la guerre de la Valteline. *Paris,* 1758, 3 vol. *in-12. v. m.*

345 Chronologie hiſtorique des Comtes de Genèvois, contenant celle des Evêques Princes, & les Faits relatifs à la Conſtitution politique de la ville & république de Genève, par M. Levrier. *Orléans, Couret,* 1787, 2 tom. en 1 vol. *in-8. v. éc. fil.*

346 Tableau hiſtorique & politique des Révolutions de Genève dans le dix-huitième ſiècle. *Genève,* 1782, *in-8. v. éc. fil.*

347 Hiſtoire des Révolutions d'Eſpagne, par le P. d'Orléans. *La Haye, Scheurleer,* 1734, 4 vol. *in-12. mar. verd.*

348 Les Etats d'Eſpagne, tenus à Tolede, l'an 1560, par le mandement du Roi Philippe II, trad. de l'Eſpagnol. *Par. Nic. Edouard,* 1562, *in-4. vel.*

349 Mémoires de la Cour d'Eſpagne, (par Mde

Nᵒ 341. Bon

d'Aulnoy.) *La Haye, Moetjens,* 1691, 2 vol.
in-18. *v. j. fil.*

350 Mémoires pour fervir à l'Hiftoire d'Efpagne
fous le règne de Philippe V, par le Marquis
de Saint-Philippe. *Amfterdam, Chatelain,* 1756,
4 vol. *in*-12. *v. m.*

351 Révolutions de Portugal, par de Vertot. *Paris,*
veuve Didot, 1758, *in*-12. *m. v.*

352 L'adminiftration de Sébaftien Joſeph de Car-
valho & Melo, Marquis de Pombal, Secré-
taire d'Etat & Miniftre du Roi de Portugal.
Amfterdam, 1786, 2 *tomes en* 1 vol. *in*-8.
v. j. fil.

353 Hiftoire d'Angleterre, par Rapin de Thoyras,
avec les notes de Tindal. *La Haye,* 1749,
16 vol. *in*-4. *v. m.*

354 Hiftoire de la Maifon de Plantagenet , par
Hume. *Amfterdam,* 1765, 6 volumes *in*-12.
veau mar.

355 Hiftoire de la Maifon de Tudor fur le Trône
d'Angleterre , par David Hume , trad. par
Madame Belot. *Amfterdam ,* 1763, 6 vol.
in-12. *v. m.*

356 Hiftoire de la Maifon de Stuart, par Hume.
Londres , 1766, 6 vol. *in*-12. *v. m.*

357 Hiftoire d'Angleterre depuis le traité d'Aix-
la-Chapelle en 1748, juſqu'au traité de paix
en 1763, pour fervir de continuation aux Hiftoi-
res de MM. Smollett & Hume, par Targe.
Paris, Defaint , 1768, 5 vol. *in*-12. *v. m.*

358 Hiftoire des révolutions d'Angleterre depuis
le commencement de la monarchie, par le Pere
d'Orleans. *Paris,* **L.** *Giffard,* 1762, 4 vol.
in-12 *v. m.*

359 Etat politique actuel de l'Angleterre. 1757, 11 vol. *in*-12. *v. m.*

360 The Manner of holding Parliaments in England, by Henry Elsinge. *London, Payne,* 1768, *in*-8. *v. fil.*

361 An estimate of the comparative strength of Britain during the present and four préceding reigns, and of the losses of her trade, from every war since the révolution, by George Chalmers. *London, Dilly,* 1782, *in*-4 *br.*

362 Observations on reversionary payements, by R. Price. *London,* 1783, 2 vol. *in*-8. *v. m.*

363 The reports of the Commissionners appointed to examine, take, and state the public account of the kingdom, by William Molleson. *London, Cadell,* 1783, 3 vol. *in*-4. *dem. rel.*

364 An essay on the tréatment and conversion of African slaves in the British sugar Colonies, by Jam. Ramsay. *London, Philips,* 1784, *in*-8. *br.*

365 The rise, progres, and présent state of the Northern governments viz the united Provinces, Denmark, Sweden, Russia, and Poland, by Williams. *London. T. Becket,* 1777, 2 vol. *in*-4. *v. jasp. fil.*

366 Histoire des Révolutions de Suede, par de Vertot. *Paris, veuve Didot,* 1751, 2 vol. *in*-12. *m. verd, d. f. t.*

367 Histoire Physique, Morale, Civile & Politique de la Russie ancienne & moderne, par M. le Clerc. *Paris, Froullé,* 1783, 5 vol. *in*-4. *fig. & l'atlas fol. v. éc. fil.*

368 Histoire Générale de Pologne par de Solignac. *Paris, Hérissant,* 1750, 6 vol. *in*-12. *v. m.*

No 360. B.

No 361. B.

No 362. B.

No 363. B.

No 364. B.

369 Hiftoire des Révolutions de Pologne, par l'Abbé Desfontaines. *Amfterdam, L'honoré*, 1735, 2 vol. *in-12. m. verd, d. f. t.* 6

370 La Voix libre du Citoyen, *ou* Obfervations fur le gouvernement de Pologne. 1749, *in-12. v. m. fil.* — ... 1 10

371 Les Droits des trois puiffances alliées fur plufieurs Provinces de la République de Pologne. *Londres*, 1774, 2 vol. *in-8. baf.* ... 3 ... 1.

372 Hiftoire des révolutions de Hongrie, où l'on donne une idée jufte de fon gouvernement. *La Haye, Néaulme*, 1739, 6 vol. *in-12. baf.* — 7 15

373 Hiftoire de Tamerlan, Empereur des Mogols & conquerant de l'Afie. *Paris, Guerin*, 1739, 2 vol. *in-12. v. m. fil.* — ..... 5 ... 1 2

374 Hiftoire Philofophique de l'établiffement & du commerce des Européens dans les deux Indes, par Raynal. *Genève, Pellet*, 1780, 10 vol. *in-8.* & un vol. *in-4. v. m.* 79 19

375 Hiftoire abrégée de la Mer du Sud, ornée de plufieurs cartes, par M. de la Borde. *Paris, Didot l'aîné*, 1791, 3 vol. *in-8. br.* .... 46 ... 1.

376 Hiftoire de la Louifiane, contenant la découverte de ce vafte pays, l'Hiftoire naturelle, &c. par Lepage du Pratz. *Paris, Debure*, 1758, 3 vol. *in-12. m. citron.* — 20 1

377 Mémoires fur l'ancienne Chevalerie, par de Sainte-Palaye. *Paris, Duchefne*, 1759, 2 vol. *in-12. v. m.* ...... 2 .... 2.

378 La Religion des Gaulois tirée des plus pures fources de l'Antiquité, par D. Jacques Martin. *Paris, Saugrain*, 1727, 2 vol. *in-4. v. b. fig.* 16

379 Marmora Oxonienfia. *Oxonii, è Typographeo Clarendoniano*, 1763, *in-fol. max. fig. v. f.* 166 2

380 Opere di Giambatista Piranefi, Architetto Veneziano, & Franc. Piranefi. *La Roma*, 17 vol. *in-fol. Max. fig. rel. en peau de truie, dentelles, d. f. tr.*; favoir:

Le Antichita Romane, nel qual fi contengono gli avanzi de gli Antichi edifizi di Roma, gli monumenti fepolcrali, i ponti antichi, &c. *In Roma, Bouchard, e Gravier*, 1756, 4 vol. *in-fol.*

Vedute di Roma. 2 vol. *in fol.*

Vafi, candelabri, cippi, farcofagi, tripodi, lucerne ed ornamenti antichi. 1778, 2 vol. *in folio.*

Antichita d'Albano e di Caftel Gandolfo. *in folio.*

Campus Martius antiquæ urbis. *Romæ*, 1762, *in-fol.*

De Romanorum magnificentia & architectura. *Romæ*, 1761. ═ Offervazioni fopra la lettre de **M.** Mariette aux auteurs de la Gazette littéraire de l'Europe, infcrita nel fupplemento dell 'iftefla Gazetta ftampata dimanche 4 novembre 1754, e parere fu l'architettura, con una prefazione ad un nuovo trattato della introduzione e del progreffo delle belle arti in Europa ne tempi antichi. *In Roma*, 1765, *in folio.*

Trofeo ofia magnifica colonna coclide di marmo compofta di groffi magigni ove fi veggono fcolpite le due guerre Daciche fatte da Trajano, &c. *in-folio.*

Raccolta de tempii antichi, opera di Francefco Piranefi, Architetto romano. *In Roma*, (1776) *in folio.*

Lapides capitolini five fafti confulares triumphalefque Romanorum ab urbe condita ufque ad

No 380 au

Tiberium Cæsarem. *Romæ*, 1762. = Delle antichita di Cora.=Le Rovine del castello dell' Acqua Giulia. *In Roma*, 1761, *in-folio*.

Opere varie di Architettura, prospettive, grotteschi, antichita sul gusto degli antichi romani. *In Roma*, 1750. = Trofei di Ottaviano Augusto innalzati per la vittoria ad Actium e conquista dell' Egitto con vari altri ornamenti antichi. = Alcune vedute di archi trionfali, ed altri monumenti innalzati de romani, parte de quali si veggono in Roma, e parte per l'Italia. *in-folio*.

Différentes manieres d'orner les cheminées & toute autre partie des édifices, tirées de l'architecture égyptienne, étrusque & grecque, avec un discours apologétique en faveur de l'architecture égyptienne & toscane. *in Roma*, 1769, *in fol.*

Carceri d'invenzione, di Giam. Bat. Piranesi. = Différentes vues de quelques restes de trois grands édifices qui subsistent encore dans le milieu de l'ancienne ville de *Pœstum*, autrement Posidonia, qui est située dans la Lucanie, par François Piranesi. *in folio*.

Collection magnifique, & dont l'exemplaire a été superbement relié par de Rome le jeune.

381 Les ruines de Pæstum ou de Posidonia, dans la grande Grèce, par Th. Major, trad de l'anglois. *Londres*, T. Major, 1768, *in-fol. fig. rel. en cart.*

382 Recueil de Peintures antiques, imitées fidélement pour les couleurs & pour le trait, d'après les dessins coloriés faits par Pietre Sante

Bartholi, par P. J. Mariette. *Paris*, 1757, *in-folio m. r.*

383 Le Pitture antiche d'Ercolano e contorni in-cife con qualche fpiegazione. *In Napoli*, 1757, *nella regia ftamperia, 8 vol. in fol. fig. m. r.*
Le Tome *VIII broch.*
Anciennes Epreuves.

384 Picturæ etrufcorum in vafculis, explicatio-nibus & differtationibus illuftratæ à Joan. Bapt. Paflerio. *Romæ*, 1767, *fumpt. Venantii Mo-naldini, in fol. fig. color. br. en cart. Tom. I.*

385 Offervazioni di Ennio Quirino Vifconti fu due mufaïci antichi iftoriati. *In Parma, della réal tipografia*, 1789, *in-8. fig. br.*

386 Le Gemme antiche figurate, di Leonardo Agoftini. *in Roma*, 1657, 2 vol. *in-4. fig. m. r.* dent.

387 Recueil de Pierres gravées, deffinées par Mlle Elifabeth Cheron. *in-4. v. b.*

388 Traité des Pierres gravées, par P. J. Ma-riette. *Paris, de l'Imprimerie de l'Auteur,* 1750, 2 vol. *in-fol. fig. v. m.*

389 Dactyliotheca Smithiana, gemmarum ectypa & Ant. Fr. Gorii enarrationes complectens. *Ve-netiis, J. B. Pafquali*, 1767, 2 vol. *in-fol. v. f. fil. d. f. t. fig.*

390 Romanum mufeum, five thefaurus eruditæ antiquitatis, in quo proponuntur gemmæ, idola, &c. ftudio Mich. Ang. Caufei de la Chauffe. *Roma, typ. Bernabo*, 1746, 2 vol. *in-fol. broc.* fig.

391 Mufeum Florentinum exhibens infigniora ve-ruftatis monumenta quæ Florentiæ funt, ex re-cenfione Ant. Franç. Gorii. *Florentiæ, Mich.*

N° 390. ch. d'Inscription

N° 391. jacquemard noot. Air

N° 392. Au.

N° 393. M. d'armesson

N° 395. B.

Neſtenus, 1731, 11 tom. rel. en 12 vol. *in-fol.*
rel. en cart.

392 Muſeum Cortonenſe, in quo vetera monumenta complectuntur ; gemmæ inſculptæ quæ in Academia Etruſca adſervantur, in plurimis tabulis æneis diſtributum, atque à Franciſco Valerio Romano, Ant. Fran. Gorio notis illuſtratum. *Romæ, typis Joan. Gen. Salomonis, in-fol. v. m. fig. Ch. Mag.* . . . .   *36 --- 10 ℔*

393 Le Cabinet de la Bibliotheque de Sainte Genevieve, contenant les antiquités de la Religion des Chrétiens, des Egyptiens & des Romains, des tombeaux, des poids, des médailles, &c. par le P. Claude du Molinet. *Paris, Ant. Dezallier*, 1692, *in-fol. v. b. fig.* . . . . . .   *45 --- 10 ℔*

394 Antiquités étruſques, grecques & romaines, tirées du Cabinet de M. Hamilton, par d'Hancarville. *Naples*, 1766, 4 vol. *in-fol. fig. col. m. r. doub. de tabis.* Superbe Exemplaire. . . .   *1350 . . .*

395 Dictionnaire de Diplomatique, *ou* Etymologie des termes des bas ſiecles, par Montignot. *Nancy, Lamort*, 1787, *in-8. v. porph. fil.* . . . .   *5 . . . 19 ℔*

396 Hiſtoire de l'Académie des Inſcriptions, par de Boze. *Paris, Guerin*, 1740, 3 vol. *in-8. v. m.* . . . .   *3 . . . . 1.*

397 Couronnes académiques, *ou* Recueil des prix propoſés par les Sociétés ſavantes, &c. par M. Delandine. *Paris, Cuchet*, 1787, 2 tomes en un vol. *in-8. v. ec. fil.* . . . . . .   *3 . . . . 13*

398 Bibliotheque hiſtorique de la France, par Jacques Lelong, édition revue par Fevret de Fontete. *Paris, J. Th. Heriſſant*, 1768, 5 v. vol. *in-fol. Gr. Pap. v. m.* . . . .   *116 . . .*

399 Les Vies des plus illuſtres Philoſophes de .   *23 . . . 12*

l'antiquité, avec leurs dogmes, fyftêmes, &c.
trad. du grec de Diogene Laërce. *Amfterdam,
Schneider*, 1758, 3 vol. *in-*12. *v. m. fig.*

400 Les Vies des Hommes illuftres de Plutarque,
traduites en françois par Dacier. *Amft. Chatelain*, 1735, 9 vol. *in-*4. *mar. r. d. f. t.*

401 L'Europe illuftre, contenant l'Hiftoire abrégée des Souverains, des Princes, &c. dans le
quinzieme fiecle, compris jufqu'à préfent par
Dreux du Radier. *Paris, Odieuvre*, 1755, 4
vol. *in-*4. *v. m. avec des portraits gravés par
Odieuvre.*

402 Les Vies des Hommes illuftres de la France,
par d'Auvigny. *Paris, Legras*, 1739, 25 vol.
*in-*12. *m. cit. d. f. t.*

F I N.

N° 4. M. Darmassan

N° 5. le même...

N° 7. M. Désmesles

SUPPLÉMENT

Au Catalogue des Livres du C. ***. *St. Maurice*

THÉOLOGIE.

Puyaut 1 **B**IBLIA Sacra vulgatæ editionis. *Parisiis, Ant. Vitré,* 1652. 8 vol. *in-12. m. n.* 30ᵗᵉ

Basroy 2 Biblia sacra vulgatæ editionis, Sixti V jussu edita. *Parisiis, Vincent,* 1741, *in-8. baf.* . . . . . 1...10

Dofwier 3 Desiderii Erasmi Paraphrasis in Novum Testamentum. *Parisiis, Galeotus a Prato,* 1540, 4 vol. *in* 12. *fig. m. r.* . . . . 10....

4 Disquisitiones criticæ de variis per diversa loca & tempora Bibliorum editionibus. *Londini, Chifwel,* 1684, *in-4. m. r. l. r.* . . . . . . 10....3

5 M. Minucii Felicis Octavius cum notis variorum, ex recentione Jac. Ouzelii. Accedit liber Jul. Firmici Materni de errore prophanarum Religionum. *Lugd. Bat. ex offic. Hackiana,* 1672, *in 8. v. f.* Exemplaire du Comte d'Hoym. . . . . 18....19 3

Dofwier 6 Julii Cæsaris Vanini Amphitheatrum Æternæ Providentiæ, & dialogorum libri IV. *Lugduni & Parisiis,* 1615 & 1616, 2 vol. *in 8. m. r.*.. 12...

7 Pantheisticon, sive formula celebrandæ sodalitatis Socraticæ (auct. Tolando). *Cofmopoli,* 1720, *in-8. v. f. d. f. t.* . . . . 17...19 2

100ᵗᵉ....8ᵘ

SCIENCES ET ARTS.

8 Luc. Annæi Senecæ Philofophi & M. Annæi Senecæ rhetoris quæ extant. *Lugd. Bat. apud Elzevirios*, 1640, 3 vol. *in-12. m. r. doub. de m. r. l. r.* Exemplaire du Comte d'Hoym.

9 Franç. Baconi de Verulamio fcripta in naturali & univerfali philofophia. *Amftelodami, Lud. Elzevirius*, 1653, *in-12. m. r.*

10 Caii Plinii fecundi hiftoriæ mundi libri XXXVII. *Lugduni, apud hæredes Jac. Juntæ*, 1561, 4 vol. *in-12. m. violet.* Exemp. du Comte d'Hoym.

11 Libri de re ruftica, M. Catonis, M. Terentii Varronis, &c. *Parifiis, Galliot du Pré*, 1533, *in-fol. vel.*

12 Chriftiani Wolfii Elementa Mathefeos Univerfæ. *Genevæ, H. Albert Goffe*, 1743, 5 v. *in-4. fig. v. f.*

13 Philofophiæ Naturalis principia mathematica, auct. Ifaaco Newton. *Cantabrigiæ*, 1713, *in 4. v. f.* Exempl. du Comte d'Hoym.

14 Philofophiæ Naturalis principia mathematica, authore If. Newton, Commentariis illuftrata ftudio Pat. Thom. le Seur & Franç. Jacquier. *Genevæ, Barillot*, 1739, 3 vol. *in-4. fig. v. f.*

15 Marci Manilii aftronomicon, ex recenfione & cum notis Rich. Bentleii. *Londini, P. & Ifaac Vaillant*, 1739, *in-4. m. r. Ch. Mag.*

16 Optice : five de reflexionibus, refractionibus & coloribus lucis, libri tres, authore If. Newton, latine reddidit Sam. Clarke. *Londini, G. & Joh.*

g. mr andry

15 mivres chaque 36^{tt} a 42^{tt} M. Caillard

Nº 19. Reg. mbº

Innys, 1719, *in-4. fig. v. f.* Exemp. du Comte
d'Hoym. *458 — 11*

17 M. Vitruvii de Architectura libri X , additis
Julii Frontini de aquæductibus libris. 1523 ,
in-8. fig. vel. Exempl. du Comte d'Hoym. . . . *7 — 19*

BELLES-LETTRES.

18 Corn. Schrevelii Lexicon manuale Græco-
latinum. *Amstelodami, Boom,* 1682, *in-8.*
m. r. doub. de m. r. dent. . . . . *30 — 1*

19 M. Tullii Ciceronis opera omnia. *Lugduni*
Batavorum, ex officina Elzeviriana, 1642,
10 vol. *in-12. m. r. doub. de m. r. l. r.* . . . . *300 — 3*
Exemplaire du Comte d'Hoym.

20 M. Tullii Ciceronis opera omnia, cum notis
Isaaci Verburgii. *Amstelædami, apud Wets-*
tenios, 1724, 18 vol. *in-8. v. m.* *40*

21 M. Tullii Ciceronis Opera, cum delectu com-
mentariorum Jos. Oliveti. *Genevæ, Fratres*
Cramer, 1758, 9 vol. *in-4. v. m.* *123*

22 M. T. Ciceronis de natura Deorum libri tres,
cum notis variorum, ex recensione Joan. Davisii. *Cantabrigiæ, Typ. Academicis,* 1723,
in-8. m. viol. l. r. Exempl. du Comte d'Hoym. . . *31 — 12*

23 M. T. Ciceronis libri de divinatione & de fato,
cum notis variorum, ex recensione Joan. Davisii.
Cantabrigiæ, Typ. Academicis, 1721, *in-8.*
m. viol. l. r. Exempl. du Comte d'Hoym. . . . *30 — 19*

24 M. T. Ciceronis Tusculanarum disputationum
libri V, cum commentario Joan. Davisii. *Can-*
tabrigiæ, Typ. Academicis, 1723, *in-8. m.*
viol. l. r. Exempl. du Comte d'Hoym. . . . . *40 —*

1062 — 5

25 M. Tullii Ciceronis Epiſtolæ Familiares. *Lu-*
tetiæ, M. Patiſſon, 1578, *in*-12. *m. r.*

26 M. T. Ciceronis ad Titum Pomponium Atti-
cum, ad M. Brutum & ad Quintum Fratrem,
epiſtolarum libri XX. *Pariſiis, Simon Colinæus*,
1532, *in*-8. *m. viol. doub. de m. cit. l. r.*
Exempl. du Comte d'Hoym.

27 C. Plinii Panegyricus, liber Trajano dictus,
cum notis variorum. *Lugd. Bat. ex Officina*
Hackiana, 1675, *in*-8. *m. r. doub. de m. r. l. r.*
Exempl. du Comte d'Hoym.

28 Homeri Ilias & Odyſſæa, græc. & lat. cum
ſcholiis Didymi. *Amſtelodami , ex Officina*
Elzeviriana, 1656, 2 vol. *in*-4. *m. r. l. r.*

29 Heſiodi Aſcræi quæ extant, Orphæi, & Procli
hymni, gr. lat. & ital. accurante Ant. Zanolini.
Patavii, Typis Seminarii, 1748, *in*-8. *v. m.*

30 Callymachi Hymni , gr. lat. & ital. edente
Jo. Maria Bandinio. *Florentiæ , Typis Monc-*
kianis, 1764, *in*-8. *v. m.*

31 Opera & Fragmenta Veterum Poetarum La-
tinorum, ſtudio Mich. Maîttaire. *Londini, J.*
Nicholſon, 1713, 2 vol. *in-fol. v. m.*

32 Epigrammatum delectus ex omnibus tum
veteribus, tum recentioribus Poetis accurate
decerptus. *Londini, Sam. Smith*, 1686, *in*-8.
veau br.

33 Q. Ennii Fragmenta. *Lugd. Batav.* 1595,
in-4. *v. m.*

34 T. Lucretii Cari de rerum natura libri ſex:
quibus interpretationem & notas addidit Th.
Creech. *Oxonii, e Theatro Sheldoniano*, 1695,
in-8. *v. b.*

35 Antilucretius, ſive de Deo & Natura, libri
novem,

No 27. Bon.

No 31. ch. D'arneffurs

No 32. Bon.

No 33. ch. D'atauffan.

1514 — 11

hovem, Cardinalis de Polignac Opus pofthu-
mum; Caroli d'Orléans de Rothelin cura &
ftudio editioni mandatum. *Parifiis, J. Bapt.*
Coignard, 1747, 2 t. rel. en 1 vol. *in-8. m. r.*

36 Catullus, Tibullus & Propertius. *Lugd. Bat.*
(Parifiis, Couftelier,) 1743, *in-12. m. cit.* . .   12 — 4

37 Albi Tibulli quæ extant, ad fidem veterum
membranorum fedulo caftigata. *Amftelædami,*
ex Officina Wetfteniana, 1708, *in-4. fig. v. f.*   17 —

38 Sexti Aurelii Propertii Elegiarum libri IV,
curis fecundis Jani Broukhufii fedulo caftigati.
Amftelodami, R. & G. Wetftein, 1727, *in-4.*
veau fauv.   15 — 4

39 Pub. Virgilii Maronis Opera, Theod. Pul-
manni ftudio correcta. *Antuerpiæ, Chrift. Plan-*
tinus, 1564, *in 18. m. cit.*   6 — 2

40 Pub. Virgilii Maronis Opera, cum notis va-
riorum, quibus accedunt obfervationes Jac.
Emmeneffii, cum indice Erythræi. *Lugd. Bat.*
Jac. Huckius, 1680, 3 vol. *in-8. vel.*   90 — 2

41 Publii Virgilii Maronis Bucolica &c. *Edin-*
burgi, G. Hamilton, 1755, 2 vol. *in-8. v. m.*   6. gal

42 Pub. Virgilii Maronis Bucolica, Georgica, &
Æneis. *Birminghamiæ, Joan. Baskerville,*
1757, *in-4. mar. bleu. dent. doub. de tabis,*
Première Edition.   200 — 1

43 Pub. Virgilii Maronis Opera, ex recenfione
Ant. Ambrogi. *Romæ, Jo. Zempel*, 1763,
3 vol. *in-fol. fig. m. r.*   148 —

44 Pub. Virgilii Maronis Bucolica, &c. *Birmin-*
ghamiæ, Joan. Baskerville, 1766, *in-8. m. r.*   25 — 12

45 Pub. Virgilii Maronis Opera. *Apud Societa-*
tem Litterariam Typographicam, 1784, *in-8.*
veau m.   5 — 4

D

2040 — 0

46 C. Pedonis Albinovani Elegiæ. *Amstelædami,*
Schelte, 1703. — Pub. Cornelii Severi Ætna,
cum notis variorum. *Amstelodami, Schelte,*
1703, *in-8. v. f.* Exempl. du Comte d'Hoym.

47 Horatius. Nicol. Perotti libellus de metris
odarum horatianarum. *Parisiis, Sim. Colinæus,*
1543, *in-18. m. r.* Exempl. du Comte d'Hoym.

48 Q. Horatius Flaccus, accedunt Dan. Heinsii
de Satyra horatiana libri duo, cum ejusdem
animadversionibus. *Lugduni Bat. ex Officina*
Elzeviriana, 1629, 3 vol. *in-12. m. r. l. r.*

49 Q. Horatii Flacci Poemata, scholiis sive annotationibus illustrata à Joan. Bond. *Amste-*
lodami, Daniel Elzevirius, 1676, *in-12. v. b.*
Editio Optima.

50 Q. Horatius Flaccus. *Trajecti Batavorum,*
G. Vande-Water, 1713, *in-12. v. f.*

51 Q. Horatii Flacci Carmina. *Amstelodami,*
apud Wetstenios, 1719, *in-18. v. m.*

52 Q. Horatii Flacci Poemata. *Hamburgi, A.*
Vandenhoeck, 1733, *in-12. v. m.*

53 Quinti Horatii Flacci Opera. *Londini, æneis*
tabulis incidit Joan. Pine, 1733, 2 tom. rel.
en 1 vol. *in-8. m. r. doub. de tab. l. r.*
Superbe exemplaire de la Première Edition.

54 Q. Horatii Flacci Opera, Curante Jos. Valart.
Parisiis, Lambert, 1770, *in-8. v. m.*

55 Phædri Augusti Liberti Fabularum Æsopiarum
libri V, cum notis variorum, in lucem editi
à Joan. Laurentio. *Amstelodami, Jo. Janssonius*
a Waesberge 1667, *in-8. fig. m. bl.* Exempl.
du Comte d'Hoym.

56 Pub. Ovidii Nasonis Opera, Dan. Heinsius
textum recensuit, accedunt breves notæ, &c.

N° 46 Bo. tabacco

49. — mr andry

N° 53. Reg. aeoᵗᵃ anoᵗᵗ

N° 56. Bo. tabacco

N.º 60 M. Caillard

N.º 62. M. Caillard

N.º 64. M. Caillard

N.º 67. M. Caillard

Lugd. Bat. ex Officina Elzeviriana, 1629;
3 vol. *in*-12. *m. r. l. r. doub. de m. r.* Exempl.
du Comte d'Hoym.

57 Pub. Ovidii Nasonis Opera omnia, cum notis
variorum, accurante Corn. Schrevelio. *Lugd.
Bat. Pet. Leffen*, 1662, 3 vol. *in*-8. *fig. v. b.*

58 M. Annæi Lucani Pharsalia, cum notis Hug.
Grotii & Thom. Farnabii. *Amstelodami, Jo.
Blaeu*, 1643, *in*-12. *v. f.* Exempl. du Comte
d'Hoym.

59 M. Annæi Lucani Pharsalia, cum notis Hug.
Grotii, & Richardi Bentleii. *Strawberry-Hill*,
1760, *in*-4. *m. r.*

60 C. Valerii Flacci Argonauticon libri octo, à
Phil. Engentino castigati. *Parisiis, Sim. Colinæus*, 1532, *in*-8. *v. b.*

61 Decii Junii Juvenalis & Auli Persii Flacci satyræ, cum notis Th. Farnabii. *Amstelodami,
Janssonius*, 1642, *in*-12. *m. r.*

62 M. V. Martialis Epigrammaton libri XIV. *Parisiis, Sim. Colinæus*, 1539, *in*-8. *m. cit. l. r.*

63 M. Val. Martialis Epigrammaton libri XIV.
Lugduni, Seb. Gryphius, 1539, *in*-8. *m. viol.*
Exemplaire du Comte d'Hoym.

64 Statii Sylvarum lib. V, Thebaidos lib. XII,
Achilleidos lib. II. *Parisiis, Colinæus*, 1530,
in-8. *v. f.*

65 D. Magni Ausonii Opera, Jac. Tollius recensuit. *Amstelodami, J. Blaeu*, 1669, *in*-18. *v. m.*

66 Cl. Claudiani quæ extant, Nic. Heinsius recensuit ac notas addidit. *Lugd. Bat. ex Officina
Elzeviriana*, 1650, *in*-12. *m. r.*

67 Dan. Heinsii de Tragœdiæ constitutione lib.
Accedit Aristotelis de Poetica libellus, gr. & lat.

cum ejufdem notis. *Lugd. Bat. ex Officina Elzeviriana*, 1643, *in*-12. *v. m.*

68 M. Accii Plauti Comœdiæ. *Amftelodami apud Wetftenios*, 1721, *in*-18. *v. m.*

69 Pub. Terentii Comœdiæ. *Cantabrigiæ, Jac. Tonfon*, 1701, *in*-4. *m. r.*

70 Pub. Terentii Comœdiæ fex. *Lut. Parif. Nat. le Loup*, 1753, 2 vol. *in*-12. *m. r.*

71 L. Annæi Senecæ Tragœdiæ, cum notis variorum. *Lugd. Bat. Fr. Moyardus*, 1651, *in*-8. *mar. r.*

72 Pontani Opera. *Venetiis, in Ædibus Aldi*, 1518, *in*-8. *v. b. l. r.*

73 Joan. Joviani Pontani opera. *Bafileæ*, 1538, 3 vol. *in*-8. *v. éc.*

74 Marcelli Palingenii Zodiacus vitæ, id eft, de hominis vita, ftudiis, ac moribus optimè inftituendis, libri XII. *Roterodami, Joan. Hofhout*, 1722, *in*-8. *m. cit.*

75 Jacobi Sannazarii opera omnia latine fcripta, nuper edita. *Venetiis, in ædibus hæredum Aldi*, 1535, *in*-8. *v. b.*

76 Poetarum ex Academia Gallica, qui latine aut græce fcripferunt, Carmina. *Parifiis Boudet*, 1738, *in*-12. *v. f.*

77 Joan. Bonefonii Bafia, tam latino quam gallico idiomate edita. *Lugd. Bat. Nic. Hercules*, 1659, *in*-12. *v. f.* Exemp. du Comte d'Hoym.

78 Theodori Bezæ poemata, item ex Georgio Buchanano aliisque infignibus poetis excerpta carmina. *Excudebat H. Stephanus*, 1569, *in*-8. *v. f.* Exemplaire du Comte d'Hoym.

79 Scævolæ Sammarthani poemata. *Lutetiæ Patiffonius*, 1587, *in*-8. *m. bl. l. r.*

N° 77. M. Caillard

N° 78. M. Caillard

79. M. Caillard

N° 81. M. de St just

N° 82. M. Caillard

N° 83. M. Caillard

N° 85°. Bon.

N° 87. M. d'Assumption

N° 88. M. d'Assumption

3090^{tt}..0^s

80 Cl. Quilleti Callipædia. *Parifiis*, (*Lipfiæ*,)
1709, *in*-8. *v. b.* == Erafmus de confcribendis
epiftolis. *Parifiis*, *Simon Colinæus*, 1527,
in-8. *v. b. l. r.* — — — — — — — — — 2 .... 1...

81 Ægidii Menagii Poemata. *Amfelodami, ex
offic. Elzeviriana,* 1663, *in*-12. *m. r.* — — 6 9

82 Ægidii Menagii Poemata. *Parifiis, le Petit,*
1680, *in*-12. *v. b.* — — — — — — 3 .... 1 . 9

83 Renati Rapini Hortorum libri IV. *Parifiis,
Sebaft. Mabre Cramoify,* 1065, *in*-12. *m. r.* 3 ... 1 . 9

84 Joan. Baptiftæ Santolii opera poetica. *Parifiis,
Dionyf. Thierry,* 1694, *in*-12. *m. r. l. r.* ... 15 ....

85 Jo. Vulteii Hendecafyllaborum libri IV, &c.
Parifiis, Simon Colinæus, 1538, *in*-18. *v. b. l. r.* .. 2 .... 1 9

86 G. Buchanani Poemata. *Amfelodami, H.
Wetflenius,* 1687, *in*-18. *v. mar.* 2 0

87 Opus Merlini Cocaii poetæ Mantuani macaro-
nicorum. *Venetiis, Dom. de Imbertis,* 1585,
in-12. *vel.* — — — — — — — 3 .... 1 . 9

88 Nugæ Venales, five Thefaurus ridendi &
jocandi. *Londini,* 1741, *in*-12. *m. bl.* .... 7 .... 19 9

89 Joan. Barclaii Argenis, cum clave. *Lugduni
Bat. ex Officina Elzeviriana,* 1630, *in*-12.
m. r. à compart. l. r. — — — — — — 16 ....

90 Corn. Agrippæ, de incertitudine & vanitate
Scientiarum atque artium declamatio. *Autuerpiæ,
Joan. Grapheus,* 1530, *in*-4. *v. b.*

91 T. Petronii Arbitri fatyricon , cum notis
doctorum virorum. *Lutetiæ, Patiffon,* 1587,
in-12. *v. b.* Exemplaire du Comte d'Hoym. } 4 .. 16

92 Euphormionis Lufinini, five Joan. Barclaii
fatyricon, cum clave ; acceffit confpiratio Angli-
cana. *Lugd. Bat. apud Elzevirios,* 1637,
in-12. *m. r. à compart. l. r.* . . . . . . 14 ...

3169^{tt}...0^s

93 Hippolytus redivivus, id eft, remedium con-
temnendi fexum muliebrem. 1644, *in-12. m. r.*

94 De Symbolis heroicis, libri IX, auctore Silveftro
Petrofancta. *Antuerpiæ, ex Officina Plantiniana*, 1634, *in-4. fig. v. b.*

95 A. Gifleni Busbequii omnia quæ extant. *Lugd.
Bat. ex Offic. Elzeviriana*, 1633, *in-18. m. r.*

96 Defiderii Erafmi Colloquia. *Lugd. Bat. ex
Officina Elzeviriana*, 1636, *in-12. m. r.*

97 L. Annæi Senecæ epiftolæ, ex recenfione Jufti
Lipfii. *Lugd. Bat. ex officina Elzeviriana*, 1639,
in-12. m. verd, dent.

98 C. Plinii fecundi epiftolarum libri X, cum
notis variorum, ex recenfione Joannis Veenhu-
fenii. *Lugd. Bat. ex Officina Hackiana*, 1669,
in-8. m. r. doub. de m. r. l. r. Exemp. du Comte
d'Hoym.

99 C. Plinii Secundi epiftolæ & panegyricus. *Londini, Tonfon*, 1722, *in-12. v. f.*

HISTOIRE.

100 Justini Hiftoriarum ex Trogo Pompeio,
libri XLIV. *Londini, Jac. Tonfon*, 1713, *in-
12. veau f.*

101 Sulpitii Severi Opera omnia quæ extant. *Amft.
ex officina Elzeviriana*, 1656, *in-12. m. r.*

102 Q. Curtii Rufi Hiftoriarum libri, accuratif-
fime editi. *Lugd. Bat. ex Officina Elzeviriana*,
1633, *in-12. v. b.*

103 Quintus Curtius Rufus de rebus geftis Alexan-
dri Magni, cum commentario perpetuo Samuelis

Nº 93. M. Caillard

Nº 94. M. d'Aranssas

No 112 . M. Chardin

Pitifci. *Ultrajecti , Franc. Halma* , 1685, 2 vol. *in-8. fig. v. m.*

104 C. Crifpi Salluftii hiftoriographi clariff. L. Sergii Catilinæ contra Romanum fenatum conjuratio. Item Bellum Jugurthinum. *Parifiis,* *Simon Colinæus,* 1543, *in-8. m. viol. l. r.* Exemplaire du Comte d'Hoym. . . . .   53 . . . 10

105 Caius Salluftius Crifpus, cum veterum hiftoricorum Fragmentis. *Lugd. Bat. ex officina* *Elzeviriana,* 1634, *in-12. f.* . . . .   9 . . . 1.

106 C. Salluftii Crifpi quæ extant. *Londini, Jac.* *Tonfon,* 1713, *in-12. v. f.* . . . .   5 . . .

107 Titi Livii Hiftoriarum libri, ex recenfione Heinfiana. *Lugd. Bat. ex Offic. Elzeviriana,* 1634, 3 v. *in-12. vel.* Ex. du Comte d'Hoym. .   60 . . . 1.

108 Titi Livii Hiftoriarum quod extat, cum notis variorum, Jac. Gronovius probavit fuafque notas adjecit. *Amftelodami , Dan. Elzevirius,* 1679, 3 vol. *in-8. v. b.* . . . .   48 . . . 12

109 M. Velleius Paterculus , cum notis Gerardi Voffii. *Lugd. Bat. ex Officina Elzeviriana,* 1654, *in-12. v. b.* . . . .   3 . . . 10

110 M. Velleii Paterculi Hiftoriæ Romanæ quæ fuperfunt. *Londini, Jac. Tonfon,* 1713, *in-12.* veau fauve. . . . .   3 . . . 1.

111 C. Corn. Tacitus ex Jufti Lipfii editione, cum notis & emendationibus Hug. Grotii. *Lugd.* *Bat. ex Officina Elzeviriana,* 1640, 2 vol. *in-12. mar. violet.* . . . .   24 . . .

112 Luc. Annæus Florus, Cl. Salmafius addidit Lucium Ampelium , nunquam antehac editum. *Lug. Bat. apud Elzevirios,* 1638, *in-12. m. r.* .   13 . . . 129

113 In Caii Suetonii Tranquilli de XII Cæfaribus libros VIII, commentarii, per Pet. Almeidam. .   9 . . . 12

3504 . . . 18

Hagæ Comitum, Ad. Moetjens, 1727, in-4. veau fauve.

114 Historiæ Augustæ scriptores sex, cum notis variorum. *Lugd. Bat. Franç. Hackius, 1661, in-8. vel.*

115 Roma illustrata, sive antiquitatum Romanarum compendium. *Lugd. Bat. Fr. Moiardus, 1645, in-12. vel.*

116 Itinerarii Italiæ rerumque Romanarum lib. tres, a Francisco Scotto. *Antuerpiæ, ex Officina Plantiniana, 1625, in-12. v. m.*

117 Plutarchi Chæronei Opera, latine reddita. *Lut. Pariſ. Vascosan, 1558, 2 vol. in-fol.* m. bl. l. r. Exemplaire du Comte d'Hoym.

118 Cornelius Nepos de vitis excellentium Imperatorum, cum notis variorum. *Lugd. Bat. Fr. Hackius, 1658, in-8. v. b.*

119 Cornelii Nepotis excellentium Imperatorum vitæ. *Londini, Jac. Tonson, 1715, in-12.* m. viol. Exempl. du Comte d'Hoym.

120 Valerius Maximus, cum notis variorum, ex recensione A. Thysii. *Lugd. Bat. ex Officina Hackiana, 1670, in-8. v. b.*

FIN.

www.ingramcontent.com/pod-product-compliance
Lightning Source LLC
LaVergne TN
LVHW021856170726
843503LV00003B/1262